NOTE RELATIVE

AUX

CHEMINS DE FER A BON MARCHÉ

ET

D'INTÉRÊT LOCAL

Paris. — Imprimé par E. Thunot et Cie, rue Racine, 26.

NOTE RELATIVE

AUX

CHEMINS DE FER A BON MARCHÉ

ET

D'INTÉRÊT LOCAL

PAR

M. RUELLE,

INGÉNIEUR EN CHEF DES PONTS ET CHAUSSÉES.

PARIS

DUNOD, ÉDITEUR,

SUCCESSEUR DE Vve DALMONT,

Précédemment Carilian-Gœury et Victor Dalmont.

LIBRAIRE DES CORPS IMPÉRIAUX DES PONTS ET CHAUSSÉES ET DES MINES,

Quai des Augustins, n° 49.

1868

NOTE RELATIVE

AUX

CHEMINS DE FER A BON MARCHÉ

ET

D'INTÉRÊT LOCAL.

Dans un article sur le chemin de fer franco-suisse, inséré dans les *Annales des ponts et chaussées*, en septembre 1865, nous avons cherché à faire ressortir, par des chiffres précis et par des considérations puisées dans des résultats d'expérience, que les dépenses de construction et d'exploitation des chemins de fer seront toujours trop considérables pour permettre à ces nouvelles voies de se multiplier indéfiniment, malgré les grands avantages qu'elles présentent, et de se substituer, en quelque sorte, aux routes impériales et départementales.

Nous avons insisté notamment sur les difficultés qu'offre leur exécution dans les régions montagneuses, où les accidents du sol accroissent, dans une proportion énorme, la dépense des terrassements et des ouvrages d'art, et où les fortes rampes et le faible rayon des courbes, que l'on est forcé d'adopter, réduisent, dans une proportion non moins importante, les économies résultant de la facilité et de la rapidité des transports en plaine.

Nous avons enfin ajouté que l'administration des petites compagnies était plus onéreuse que celle des grandes, et qu'on ne parviendrait que difficilement à construire des chemins de fer à bon marché, au moyen de sociétés locales organisées dans les départements qui veulent se donner un quatrième réseau et le payer en grande partie avec leurs ressources propres.

Ce qui nous décide aujourd'hui à revenir sur la même question, c'est que l'on oublie vite en France et que les souvenirs d'un passé tout récent sont déjà effacés. Un autre motif nous guide : le public a une tendance de plus en plus marquée à considérer les chemins de fer d'intérêt local comme indispensables à la prospérité de tous les chefs-lieux d'arrondissement et de canton qui en sont encore privés ; il croit aussi qu'il est possible de les exécuter à très-bas prix, comparativement aux lignes du second et du troisième réseau, par des procédés autres que ceux en usage dans le corps des ingénieurs et des conducteurs des ponts et chaussées.

Il nous semble qu'il est bon de réagir contre ces idées erronées qui se propagent avec une facilité extrême et de présenter les choses sous leur véritable jour. Ce n'est pas la première fois que les ingénieurs de l'État sont accusés de construire trop solidement et trop chèrement. Tout récemment cette assertion s'est produite à la tribune du corps législatif, où elle a été relevée avec énergie. Un de nos camarades, M. Marchal, ingénieur en chef du département de la Mayenne, a eu aussi l'occasion de la combattre, à propos de l'exécution et de l'entretien des chemins vicinaux ordinaires.

Nous allons donc essayer de démontrer, à notre tour, que les ingénieurs et les conducteurs des ponts et chaussées savent se préoccuper, autant que personne, des nécessités d'économie, dans l'étude et dans l'exécution des différents travaux qui leur sont confiés, et que leurs procédés ou leurs méthodes, ont été, en général, copiés à peu près partout et par ceux-là mêmes qui les accusent.

Cette note sera divisée en deux parties : nous commencerons par rappeler les différents modes suivis jusqu'à ce jour pour l'exécution des chemins de fer et par en faire ressortir les conséquences les plus rationnelles, au point de vue de la thèse que nous soutenons.

Nous présenterons ensuite un résumé des dépenses réelles de construction de quelques lignes, à une voie, du second et du troisième réseau, afin de prouver que leur montant ne peut s'abaisser au-dessous d'un certain minimum et qu'il dépend essentiellement de la configuration plus ou moins accidentée des pays traversés.

§ 1er. — *Examen sommaire des modes d'exécution du réseau actuel des chemins de fer.*

I.

On ne saurait oublier que c'est seulement à l'aide des subventions considérables, accordées successivement par l'État, sous forme de travaux exécutés ou de payements en argent, que les principales artères qui sillonnent la France ont pu se construire. Les lignes actuellement si fréquentées de Paris à Lille, de Paris au Havre, de Paris à Strasbourg, de Paris à Orléans, à Nantes et à Bordeaux, de Paris à Lyon et à Marseille, de Bordeaux à Cette, etc., doivent, en grande partie, leur prospérité à la disparition des compagnies isolées, entre les mains desquelles se trouvaient disséminées les concessions premières, et à la constitution de six grands réseaux qui concentrent, chacun sous une administration unique, toutes les affaires, tous les intérêts relatifs aux transports, sur une grande étendue du territoire de la France.

Organisation des grandes compagnies. — C'est là l'origine et la véritable cause du rôle prépondérant qu'ont pris les chemins de fer français.

Malgré les avantages considérables qui résultent de cet état de choses, les lignes composant ce qu'on appelle le nouveau réseau apportent, au fur et à mesure qu'on les achève et qu'on les exploite, des réductions extrêmement sensibles dans le montant des recettes kilométriques et obligent le gouvernement à allouer chaque année une somme de 25 à 30 millions, comme garantie d'intérêt, à plusieurs des grandes compagnies.

D'après l'exposé de la situation de l'empire, on voit que, au 31 décembre 1867, les dépenses faites par l'État, pour travaux exécutés au profit des compagnies et pour subventions en capital, s'élèvent à 984 millions, et il doit leur payer encore 462 millions pour arriver au total convenu de 1 446 millions de francs, ce qui, pour un ensemble de 21 040 kilomètres de chemins de fer concédés, représente une subvention de 68 726 fr. par kilomètre.

Y a-t-il une meilleure preuve à donner de la lourde charge que la plupart des lignes nouvelles font peser sur les compagnies qui les construisent et les exploitent, quoique ces lignes puissent toutes être considérées, en réalité, comme autant d'affluents qui déterminent un nouvel accroissement de trafic sur l'ancien réseau?

Que serait-il advenu si tous ces affluents secondaires, au lieu d'être groupés entre les mêmes mains et d'offrir une complète solidarité d'intérêts avec les artères principales, sur lesquelles ils déversent les produits de leur trafic, avaient fait l'objet d'entreprises séparées, administrées par de petites sociétés locales?... Évidemment le résultat eût été une ruine générale ou, tout au moins, une dépréciation énorme du capital engagé.

Insuffisance des compagnies locales. — Les compagnies qu'on avait cherché à organiser, il y a quelques années, le Grand-Central, le Lyon-Genève, le Dauphiné, le Victor-Emmanuel, les Ardennes même, paraissaient établies sur une base assez solide et assez large, puisqu'elles embrassaient des lignes d'une certaine étendue; néanmoins, elles se sont trouvées hors d'état d'accomplir leur œuvre jusqu'au bout, sans compromettre les intérêts de leurs actionnaires, et elles ont dû se féliciter que la sollicitude de l'État ait fait englober, dans les grands réseaux voisins, les chemins de fer qu'elles avaient construits et dont l'exploitation aurait fini par épuiser toutes leurs ressources. N'est-ce pas là l'histoire de quelques autres compagnies françaises, telles que celles de Graissessac à Béziers, de Libourne à Bergerac, qui n'ont pas eu la chance d'être rachetées à temps, ainsi que d'une foule d'entreprises constituées à l'étranger avec une vogue passagère, mais qui n'ont guère réalisé les espérances qu'elles avaient fait concevoir?

Nous pourrions citer : en Suisse, les compagnies des chemins de fer de l'Ouest-suisse, du Jura industriel, du Franco-Suisse, de Lausanne à Oron et Fribourg, de l'Union suisse, du Valais et du Simplon ; en Italie, les lignes du littoral Méditerranéen et du littoral de l'Adriatique, les chemins Toscans, les chemins Romains, le réseau des Calabres ; en Espagne et en Portugal, toutes les compagnies sans exception ; non-seulement celles qui étaient concessionnaires de lignes isolées, comme de Séville à Xérès-Cadix, de Saragosse à Pampelune et de Saragosse à Barcelone, de Ciudad-Réal à Badajoz ; mais encore celles qui possédaient les réseaux les plus étendus, comme le nord de l'Espagne, la compagnie de Madrid à Saragosse, à Alicante et à Cordoue, les chemins portugais, etc., etc. Nous trouverions encore des exemples analogues en Allemagne, en Belgique et en Angleterre ; mais cette nomenclature de compagnies plus ou moins malades est déjà assez longue, et nous avons tenu surtout à citer les pays où les capitaux français se sont engagés avec tant d'imprudence et par centaines de millions de francs !

Les échecs multipliés d'une foule de sociétés qui semblaient très-viables à l'origine et qui ont occasionné tant de désastres financiers, ne peuvent s'expliquer que par les raisons suivantes :

1° Les frais généraux beaucoup trop considérables qu'entraînent toutes ces administrations isolées ;

2° Les marchés onéreux (pour ne pas dire plus) passés avec des entrepreneurs à forfait ;

3° Le taux élevé auquel il a fallu contracter des emprunts pour faire face à un excédant de dépenses non prévu et se révélant successivement ;

4° La disproportion qui s'est presque toujours manifestée entre les frais de construction et d'exploitation et la faiblesse relative du trafic ;

5° Souvent enfin l'insuffisance et l'incurie des conseils d'administration, chargés de veiller sur le bon emploi de capitaux aussi considérables et dont les membres étaient parfois intéressés dans les marchés de fournitures et de travaux.

N'est-il pas présumable que les mêmes causes amèneraient les mêmes résultats, si l'on persistait à vouloir constituer de petites sociétés départementales et à concéder l'exécution et l'exploitation des chemins de fer d'intérêt local à des entrepreneurs généraux ?

Accroissement des frais généraux. — En faisant l'historique de la compagnie Franco-Suisse, dans l'article précité, nous avons eu soin d'insister sur l'économie et l'intégrité qui avaient présidé à tous les actes de son administration, sur les conditions éminemment favorables dans lesquelles avaient été souscrites les actions et les obligations ; néanmoins nous avons constaté que, pendant les cinq années écoulées, depuis le commencement des études sur le terrain jusqu'à la mise en exploitation des deux sections du chemin de fer, dans le val de Travers et sur les bords du lac de Neuchâtel, les dépenses générales, comprenant les intérêts payés aux porteurs de titres (actions et obligations), se sont élevées à la somme de 2 535 342f.62c, qui représente 12.50 p. 100 des frais de construction proprement dits, lesquels ont été de 20 174 595f.65.

Pendant cette même période, l'administration centrale et

le contentieux de la compagnie ont coûté 424 650f.82, ce qui correspond à 2.10 p. 100 des mêmes frais.

En résumé ces deux natures de dépenses réunies montent à 14.60 p. 100 des frais de construction, et il est certain que cette proportion a été infiniment plus forte dans la plupart des compagnies françaises et étrangères que nous venons de mentionner, et qu'elle s'est élevée pour plusieurs d'entre elles jusqu'au quart et au tiers du capital social!

Si l'on ajoute à cela que souvent des emprunts ont été contractés à 8, 10 et 12 p. 100 d'intérêt, pour l'achèvement de quelques-unes de ces lignes; que parfois les frais d'exploitation atteignent, quand ils ne le dépassent pas, le montant des recettes brutes, on comprendra qu'il y aurait folie à suivre les mêmes errements et à entasser de nouvelles ruines sur celles qui n'existent déjà qu'en trop grand nombre.

Loi du 12 juillet 1865. — Par la loi du 12 juillet 1865, relative aux chemins de fer d'intérêt local, le gouvernement a voulu mettre un frein utile aux sollicitations et aux obsessions de tout genre dont il est assailli, pour l'extension des lignes du troisième et du quatrième réseau, en imposant aux départements et aux communes une participation assez large dans toutes les dépenses. Cette participation a été fixée au quart des frais de tout genre, pour dix-huit départements, où le produit du centime additionnel au principal des quatre contributions dépasse 40 000 francs; au tiers des mêmes frais, pour quarante-huit départements, où ce produit se maintient entre 20 000 fr. et 40 000 fr., et à la moitié de ces frais pour les vingt-trois autres départements où ce produit n'arrive pas au chiffre de 20 000 fr.

Malheureusement il est à craindre que cette loi si sage ne soit éludée ou mise de côté, par suite des exigences de plus en plus opiniâtres de certains intérêts locaux, et des influences qui auront l'habileté de se draper du manteau de l'intérêt général.

Il n'y a encore que huit départements qui se soient conformés aux prescriptions de la loi : l'Hérault pour 177 kilomètres, moyennant une subvention de 3 829 734 fr. du gouvernement; Saône-et-Loire pour 123 kilomètres, avec une subvention de 2 125 000 fr.; l'Eure pour 103 kilomètres, avec une subvention de 2 226 250 fr.; l'Ain pour 90 kilomètres, avec une subvention de 3 261 868 fr.; la Sarthe pour 74 kilomètres, avec une subvention de 2 690 000 fr.; les Ardennes pour 57 kilomètres, avec une subvention de 1 400 000 fr.; le Haut-Rhin pour 19 kilomètres, avec une subvention de 1 000 000 de fr.; le Jura pour 8 kilomètres, avec une subvention de 200 000 fr.; ce qui fait une longueur totale de 651 kilomètres, avec une subvention totale de 16 732 852 fr.

Si l'État continue à concéder aux grandes compagnies, ou à exécuter avec les fonds du Trésor des lignes tout à fait secondaires, n'ayant même pas un caractère d'intérêt général aussi prononcé que quelques-unes de celles dont les départements ci-dessus se sont volontairement chargés, on ne tardera pas à se plaindre et à réclamer vivement contre la partialité qui aura présidé à la distribution des largesses gouvernementales. En bornant, par exemple, notre examen aux départements que nous connaissons le mieux, il est facile de se convaincre que la ligne de Paray-le-Monial à Mâcon, qu'exécute le département de Saône-et-Loire et qui complète une assez longue artère partant de la station de Laroche, sur la ligne principale de Paris à Dijon, et passant par Auxerre, Cercy-la-Tour, Gilly-sur-Loire, Digoin et Charolles, offre plus d'intérêt et mériterait au moins autant d'être comprise dans le quatrième réseau que la ligne de Besançon à Morteau, dont le département du Doubs ne veut pas se charger, aux termes de la loi du 12 juillet 1865, et dont il demande la construction par l'État et aux frais de l'État.

Nous pensons donc qu'il serait plus rationnel de préparer un travail d'ensemble pour toute la France, afin de comparer les conditions diverses d'utilité publique, de trafic, de dépenses de construction et d'exploitation, etc., etc., que peuvent présenter tous les chemins de fer nouveaux, dont la concession est actuellement demandée ou désirée, puis de déterminer : *en premier lieu*, ceux dont le tracé paraît nécessaire pour compléter les réseaux existants, et qui devront être exécutés directement par l'État ou par les grandes compagnies avec des subventions de l'État; *en second lieu*, ceux qui, n'offrant qu'un intérêt plus restreint et ne répondant qu'à des besoins locaux, doivent être laissés à la charge des départements eux-mêmes et des communes, dans les conditions fixées par la loi du 12 juillet 1865. On se trouverait ainsi mieux en mesure de résister à de hautes influences locales, et l'on éviterait beaucoup de mécomptes et de récriminations de la part des contrées qui se croiront lésées ou de celles qui se seront endettées pour créer, à leurs frais, certaines lignes, dont le classement fût devenu possible dans le quatrième réseau.

II.

Rôle des ingénieurs. — Quand on songe que les ingénieurs et les conducteurs des ponts et chaussées ont été chargés, dans la plus large mesure, d'étudier et de construire les 20 000 kilomètres de chemins de fer dont se compose en ce moment le réseau français, et que beaucoup de nations étrangères, la Russie, l'Autriche, l'Italie, l'Espagne, leur ont confié la même mission chez elles, on a de la peine à comprendre qu'une partie du public ait pu en arriver à formuler contre eux le reproche de travailler chèrement et de ne pas assez se préoccuper des nécessités d'économie qui pèsent sur les budgets de l'État, des départements et des communes, comme sur celui des sociétés industrielles. On ne s'explique pas davantage qu'on ait pu perdre de vue les habitudes d'ordre et de régularité que les ingénieurs apportent dans les dépenses de toute nature, même les plus minimes dont ils sont chargés, et dans la tenue d'une comptabilité qui a servi de modèle à presque toutes les grandes entreprises de travaux.

Examinons sur quelle base peut reposer cette idée fausse que les ingénieurs sont enclins à faire des ouvrages trop luxueux ou trop solides, et qu'ils ne savent pas se renfermer dans les limites qu'une sévère économie commande. Si l'on se rend compte, par exemple, des opérations successives que nécessitent l'étude et l'exécution d'une route, d'un canal ou d'un chemin de fer, on ne peut s'empêcher de reconnaître que les ingénieurs et les conducteurs des ponts et chaussées possèdent à un haut degré toutes les qualités scientifiques voulues pour bien résoudre le problème. Ils trouvent de plus dans leurs archives, dans les collections de l'École des ponts et chaussées et dans tous les recueils dont ils ont appris à se servir, une multitude d'exemples qu'ils n'ont qu'à imiter. Depuis les chemins vicinaux, dont ils s'occupent dans un certain nombre de départements, jusqu'aux constructions monumentales que comportent les abords de la capitale et des grandes villes, ils ont une échelle infiniment variée pour toute espèce de travaux de terrassements et de maçonneries. A ces modèles innombrables, qui leur servent de guide et qui rendent plus difficiles les mauvaises solutions, viennent se joindre, chez les ingénieurs, des connaissances administratives particulières; la longue pratique d'une comptabilité rigoureuse et précise dans ses plus petits détails, une régularité en quelque sorte hiérarchique (parce qu'elle se communique, à travers tous les grades, de l'ingénieur en chef aux cantonniers) pour le meilleur emploi des plus menues dépenses; enfin cette réputation de délicatesse et d'intégrité qui est restée l'honneur de notre corps.

Sous quelle influence et sous quelle impulsion d'autres

ingénieurs civils ou des agents voyers pourront-ils se montrer plus économes des deniers publics ou des fonds appartenant aux départements et aux communes ? Apporteront-ils plus de soin dans les opérations de tracé et de nivellement sur le terrain ? Établiront-ils mieux les plans et les profils, les calculs de terrassements et les métrés d'ouvrages, ou bien sauront-ils choisir des formes différentes et mieux appropriées pour les aqueducs, les ponts, les viaducs, etc., etc. Cela n'est nullement probable, et la variété des œuvres accomplies par le corps des ponts et chaussées est telle que l'on rencontre les appareils les plus modestes et les plus simples à côté des appareils les plus compliqués.

Exécution des travaux sur séries de prix. — Passons maintenant aux procédés d'exécution. On peut compter trois modes essentiellement différents : les travaux à la journée ou par petites tâches ; les travaux à l'entreprise, sur séries de prix ; les travaux à forfait.

Le premier système est le plus dispendieux de tous pour les compagnies et pour l'État, parce qu'on ne parvient jamais à réaliser (quelle que soit la surveillance exercée par les agents sur les ouvriers employés à la journée et payés directement) une quantité de travail égale à celle que fournissent les ouvriers d'une entreprise, et parce qu'il est difficile qu'un ingénieur puisse décomposer ses chantiers par très-petites tâches et subdiviser tous les travaux, comme le fait un entrepreneur, en passant une multitude de petits marchés, le plus souvent verbaux.

Le second système consiste à former une certain nombre de lots d'entreprises, correspondant aux points de division naturels des travaux qu'il s'agit d'exécuter, et à adjuger chaque lot *sur séries de prix* et sur soumissions cachetées. Il nous paraît de beaucoup préférable au précédent et il est généralement suivi dans les travaux au compte de l'État, comme dans ceux des compagnies. Les ingénieurs ont soin, avant l'adjudication, de bien s'assurer des garanties de probité, de capacité et de solvabilité que présentent les différents entrepreneurs qui désirent soumissionner. Ceux-là seuls sont admis qui sont porteurs de bons certificats, pour des travaux antérieurs et pour leurs règlements de comptes, afin que la concurrence ne s'établisse qu'entre des hommes également loyaux et capables. Il importe aussi que les lots ne soient ni trop restreints ni trop étendus, parce que, dans le premier cas, les entrepreneurs en possession d'un matériel et de capitaux considérables hésiteraient à s'en charger, et parce que, dans le second cas, ils trouveraient trop lourde pour eux seuls la charge d'organiser et de diriger tous leurs chantiers et seraient conduits à subdiviser les différents ouvrages, pour en laisser la responsabilité à des sous-traitants. Ce double écueil doit être évité avec soin.

Depuis plusieurs années, nous avons adopté, pour les marchés relatifs aux lignes du second et du troisième réseau de la compagnie de Paris à Lyon et à la Méditerranée, une mesure qui nous a donné d'excellents résultats. Au lieu de soumettre aux divers entrepreneurs concurrents une série de prix préparée par les ingénieurs de la compagnie, sur laquelle ils n'ont plus qu'à formuler un rabais ou une augmentation de x par mille, nous obligeons chacun d'eux à étudier et à établir lui-même, d'après un modèle uniforme, la *série de prix* qui doit servir de base à sa soumission, et nous comparons ensuite toutes ces séries entre elles, en en appliquant les différents prix aux *métrés* arrêtés d'avance, pour les terrassements, les maçonneries, les charpentes et ouvrages de toute espèce qui font partie du projet à exécuter. Il en résulte autant de détails estimatifs des travaux d'un même lot qu'il y a d'entrepreneurs, et le détail estimatif le moins élevé est celui qui l'emporte.

De cette façon les entrepreneurs, au lieu de se fier un peu trop aveuglément aux prix arrêtés dans la série préparée par les ingénieurs (ainsi que cela arrive souvent) et de faire sur ces prix un rabais plus ou moins fort, se rendent mieux compte, sur le terrain, de la valeur réelle des différents travaux et des diverses fournitures qu'ils auront à faire et arrivent à produire des séries de prix bien étudiées, plus consciencieuses, et contre lesquelles ils ont moins de propension à réclamer, en cours d'exécution, puisqu'elles sont le résultat de leurs recherches et de leurs investigations personnelles. Cette division des travaux, par lots variant d'ordinaire de 1 à 2 millions, nous paraît offrir les plus fortes garanties d'une *bonne exécution* et de toutes les économies rationnelles qu'on doit chercher à réaliser, quand le prix de chaque mètre cube d'ouvrage a été judicieusement établi et quand il ne s'agit plus que de prendre toutes les mesures qu'indique la prudence. Nous ne concevons pas comment on pourrait arriver plus avantageusement au même but par d'autres procédés et avec d'autres hommes.

Il ne faut pas perdre de vue, en effet, que c'est dans l'étude minutieuse des projets et dans la prévision de toutes les particularités et de tous les accidents de l'exécution des travaux que résident les véritables économies. Or, les ingénieurs et les conducteurs des ponts et chaussées offrent toutes garanties sous ce rapport, de même que pour le choix et pour l'emploi le plus judicieux des matériaux à mettre en œuvre dans les différents ouvrages. Ils n'aiment pas, il est vrai, les travaux aventureux, et ils cherchent à éviter les risques qui en sont la conséquence; mais tout en repoussant de leurs constructions les pierres gélives ou de mauvaise qualité, les mortiers non hydrauliques, etc., etc., ils savent apporter une extrême simplicité dans les ouvrages, quand il y a lieu, et substituer dans les appareils, toutes les fois qu'il le faut, le moellon piqué à la pierre de taille et le moellon brut au moellon smillé.

Nous ajouterons que beaucoup de nos meilleurs entrepreneurs de travaux publics, et de chemins de fer en particulier, sont d'anciens conducteurs des ponts et chaussées.

Inconvénients des marchés à forfait. — Reste un troisième système, celui des marchés à forfait, en présence duquel nous sommes bien à l'aise; car les résultats qu'il a produits partout sont des plus déplorables. Si les nouvelles sociétés particulières organisées par les départements ou les communes, comptent en tirer parti pour construire économiquement les chemins de fer d'intérêt local, elles s'abusent étrangement et elles ne se doutent pas de tout ce qui leur restera à dépenser, *après le forfait*, pour compléter des travaux inachevés ou même pour les refaire. La cause la plus réelle des augmentations qui se produisent généralement, dans les édifices comme dans les travaux publics, c'est l'insuffisance des prévisions des ingénieurs et des architectes les plus habiles, dont les projets les mieux étudiés sont presque toujours dépassés par le montant de l'exécution. Les éboulements, les tassements qui surviennent dans les tranchées et les remblais, les moyens d'assainissement et de consolidation, les difficultés de fondation des ouvrages, les indemnités de terrains et une multitude d'exigences locales, qui se produisent sous toutes les formes, pour les *routes et les chemins traversés, les stations, les gares*, etc., amènent de si nombreux mécomptes qu'ils ne peuvent être bien appréciés que par ceux qui ont eu à subir toutes ces épreuves et dont l'expérience s'est ainsi formée.

Comment s'imaginer qu'un entrepreneur général, qui sera avant tout un capitaliste, chargé d'exécuter à forfait un chemin de fer, ou tout autre grand travail exigeant des avances considérables, se résignera à accomplir cette œuvre dans les meilleures conditions de solidité et de convenance, au risque d'y consacrer beaucoup plus d'argent qu'il n'en recevra et de perdre ce qu'il possède ! Il n'a pas à sa disposition de procédés plus parfaits, plus sûrs que ceux qu'emploient les ingénieurs de l'État; ses agents ne seront ni plus capables, ni plus expérimentés que les conducteurs et piqueurs des ponts et chaussées ou que les agents des entrepreneurs ordinaires. Sa préoccupation constante, s'il est habile, sera de se maintenir dans les limites de son marché à forfait et de se ménager une grosse fraction de la dépense totale prévue, pour les travaux de la fin, qui sont toujours les plus difficiles et les plus dispendieux. Dès lors tous les moyens lui seront bons pour réaliser des économies, en supprimant ou en restreignant le plus possible toutes ces précautions accessoires et préventives qui assurent la stabilité des terrassements, aussi bien que la durée des ouvrages d'art, tels que le régalage des remblais, l'adoucissement et la consolidation des talus des tranchées, les assainissements, le choix et l'extraction en temps utile des matériaux de construction, les soins apportés dans l'établissement des fondations et dans l'exécution des maçonneries, des charpentes, du ballast, de la voie, etc. Son but sera atteint s'il parvient à faire accepter ses travaux, *comme terminés*, sans s'inquiéter des avaries qui pourront se manifester dès le lendemain de la réception et encore moins de la garantie séculaire qu'ils devraient offrir !

Comme l'entrepreneur général est maître absolu sur ses chantiers, il s'arrange de telle sorte que le contrôle des agents de la compagnie propriétaire du chemin soit aussi pénible et aussi insignifiant que possible, et l'on peut être sûr qu'il y arrive.

Quand le marché à forfait est avantageux, l'entrepreneur général réalise quelques millions ou quelques centaines de mille francs de bénéfice, en laissant toujours beaucoup à faire après lui pour le parachèvement des travaux. Quand le marché est onéreux, il trouve aisément l'occasion de l'éluder ou d'en obtenir la résiliation, en faisant naître des difficultés et en provoquant des procès dont il est bien rare que l'issue soit favorable aux sociétés concessionnaires ; tant les intérêts privés sont habiles à se défendre devant des arbitres ou devant les tribunaux de commerce, et tant ils savent exagérer l'importance de ce qu'ils ont fait, de leurs efforts continus, des sommes déjà absorbées par une mauvaise affaire, et apitoyer les neutres sur la perte d'une fortune péniblement acquise.

C'est ainsi que se sont liquidés bien des marchés à forfait passés pour les lignes de Dijon à Besançon, de Besançon à Belfort, d'Auxonne à Gray, de Dôle à Salins, pour les chemins de Rhône-et-Loire et du Grand-Central, etc., etc... La compagnie de Paris à Lyon et à la Méditerranée a dépensé des dizaines de millions pour achever ces lignes et pour construire à nouveau certains ouvrages. Il reste d'ailleurs d'autant plus à faire que le profil en long et les profils en travers sont plus accidentés.

Le souterrain de Terre-Noire, par exemple, entre Saint-Étienne et Lyon, quelques jours après une expertise qui le déclarait recevable, en constatant qu'il avait été exécuté suivant toutes les règles de l'art, s'est éboulé sur plusieurs centaines de mètres, et la compagnie a été obligée de consacrer plusieurs millions à reconstruire en entier, sur toute leur longueur, la voûte et les pieds-droits, dans lesquels on a reconnu à chaque pas des malfaçons déplorables.

Nous n'aurions que l'embarras du choix, sur les chemins de fer français et étrangers, pour fournir d'autres preuves aussi saisissantes du surcroît de dépenses qu'ont eu à supporter toutes les compagnies assez peu clairvoyantes ou assez peu soucieuses des intérêts de leurs actionnaires pour confier leurs travaux à des entrepreneurs à forfait. Il est même arrivé que des marchés de ce genre n'ont été qu'un prétexte et un moyen de faire participer des administrateurs aux bénéfices d'une entreprise générale, en prélevant le plus clair de ces bénéfices sur les sous-traitants chargés en réalité de l'exécution. Voici ce qu'on lit dans le compte rendu statistique de la ligne de Montluçon à Moulins, dressé par M. Nordling, ingénieur en chef de la compagnie d'Orléans :

« La compagnie de Montluçon à Moulins était à peine « constituée qu'elle passa, à la date du 6 mai 1854, avec « M. X***, un marché général de 21 millions, comprenant « à forfait la totalité des travaux et fournitures, terrains, « ouvrages d'art, bâtiments, matériel fixe et roulant. Un « mois après, l'entrepreneur général fit connaître au con- « seil les sous-traitants qu'il s'était réservé de choisir; « mais il faut croire que ces divers moyens étaient conve- « nus à l'avance, car, dès le mois de février, l'ingénieur « en chef de MM. Soulié et Hunebelle, sous-traitants des « terrassements et ouvrages d'art, se mettait à l'œuvre « pour déterminer le tracé. . . . .

« Le premier coup de pioche ne fut donné qu'en janvier « 1856, après la fusion avec la compagnie du Grand-Cen- « tral. . . . .

« Le 1er mars 1857, quatre mois avant la dissolution du « Grand-Central, l'entrepreneur général obtint l'autorisa- « tion de se retirer avec une indemnité de 3 millions, en « laissant la compagnie en présence de ses sous-traitants, « dont les marchés étaient évalués au total de 18 millions. »

Cette citation est assez significative par elle-même et nous dispense de tout commentaire. Nous nous contenterons d'ajouter que si les chemins de fer n'ont pas pu s'exécuter à bon marché, ce n'est pas aux ingénieurs qu'il faut s'en prendre, mais à la nature même de ces voies de communication exceptionnelles et à la continuité des dépenses qu'entraînent leur organisation, leur construction et leur exploitation.

§ 2. — *Comparaison des prix de revient kilométriques de quelques lignes à une voie.*

I.

En nous reportant à l'exposé de la situation de l'empire, présenté au sénat et au corps législatif, pour l'année 1867, nous voyons que sur les 21 040 kilomètres de chemins de fer concédés, qui constituent en ce moment le réseau français, les dépenses faites ou à faire par les compagnies s'élevaient à un total de 7 882 680 000 francs, ainsi répartis :

3 723 816 000 francs pour les 9 754 kilomètres de l'ancien réseau et 4 158 864 000 francs pour les 11 286 kilomètres du nouveau réseau ; ce qui fait ressortir la dépense kilométrique des lignes de l'ancien réseau à la charge des compagnies à 381 773 francs, et la dépense kilométrique des lignes du nouveau réseau à 368 498 francs.

Les subventions accordées par l'État s'élèvent en outre moyennement à 68 726 francs par kilomètre, tant comme travaux exécutés que comme argent avancé, de sorte que le prix de revient définitif est de 450 499 francs par kilomètre pour l'ancien réseau, et de 437 224 francs par kilomètre pour le nouveau réseau. Ces chiffres sont trop éloquents par eux-mêmes pour que nous ayons besoin de les commenter ; ils montrent que les lignes nouvelles, eu égard à l'insuffisance de leurs produits pendant les premières années, reviennent presque aussi cher que les anciennes, quoiqu'elles n'aient pas été grevées des mêmes frais de construction pour les immenses gares établies à Paris et dans les grandes villes. On voit par là quelle énorme différence sépare, comme dépense, les 21 040 kilomètres de chemins de fer exécutés ou projetés jusqu'à ce jour, sur le territoire français, des prétendus chemins économiques que l'on rêve et que l'on espère construire.

Nous ne connaissons pas la dépense réelle des 22 à

23.000 kilomètres de chemins de fer livrés à la circulation que les îles Britanniques possèdent actuellement; mais, d'après un article publié dans le *Moniteur* du 28 novembre 1866, les prix de revient pour les sections exécutées pendant l'année 1854 ont été par kilomètre :

de 605 850 francs en Angleterre;
de 341 750 francs en Écosse;
de 201 950 francs en Irlande.

En Belgique, les lignes exécutées par l'État sont revenues à 300 000 francs par kilomètre.

En Autriche, le prix de revient kilométrique moyen a été d'environ 290 000 francs.

Il a été de 265 000 francs en Prusse et de 242 000 francs dans les autres états allemands, où le relief du sol est beaucoup moins accidenté qu'en France; et, qu'on ne l'oublie pas, les chiffres ci-dessus sont déduits de plus de 20 000 kilomètres exécutés dans ces trois derniers pays.

Chemins de fer d'Écosse. — On peut donc affirmer, sans crainte de se tromper, que les 300 kilomètres de lignes écossaises, cités dans la brochure de M. Charles Bergeron qui avait pour titre : *les chemins de fer à bon marché*, ne constituent qu'une très-minime exception et ne sauraient être comparés même à nos lignes les plus secondaires. Leur exécution a été des plus faciles; leur dépense kilométrique, qui s'est abaissée parfois jusqu'à 80 000 francs, s'élève en moyenne à 110 000 francs, se décomposant de la façon suivante :

	francs
1° Frais généraux et de parlement, frais d'études, de personnel, intérêts et commissions de banque, etc. . . .	10 000
2° Acquisition des terrains.	12 500
3° Terrassements, ouvrages d'art, voies et stations. . . .	87 500
Total.	110 000

A quoi il faut ajouter 10 à 15 000 francs par kilomètre

pour le matériel roulant, qu'il soit fourni par la société de construction ou par la compagnie exploitante.

Sur plusieurs de ces chemins, les clôtures ne consistent qu'en de simples lattes en bois très-espacées; les haies vives n'existent point; beaucoup de passages à niveau sont sans maison de garde; les stations sont remplacées par un simple abri en charpente, à deux ou trois compartiments, où le chef de gare ne réside pas; parfois le même agent remplit simultanément les fonctions de receveur, de facteur et de gardien du passage à niveau. Une marquise en bois sert d'abri aux voyageurs. Le public aide lui-même au chargement et au déchargement des marchandises qu'il reçoit ou expédie dans les gares. Les riverains se tiennent au courant des heures de passage des trains et exercent eux-mêmes la surveillance nécessaire à la sécurité de la voie, comme à celle des voitures et des bestiaux qui la traversent. Il n'y a sans doute qu'un très-petit nombre de croisements ou de changements de voie, pas de plaques tournantes, ni de signaux d'aiguilles, ni de sémaphores, etc., comme on en exige sur toutes les lignes françaises; souvent un seul train fait la navette d'une extrémité à l'autre de ces voies, dont la longueur est très-restreinte.

Il n'y a donc rien d'étonnant à ce que plusieurs de ces petits chemins fassent leurs frais avec une recette brute de 9 700 francs par kilomètre en moyenne, les dépenses d'exploitation s'élevant à 6 000 francs environ, savoir :

	francs.
Administration centrale et frais généraux. .	900
Entretien de la voie.	900
Matériel et traction.	2 000
Exploitation.	1 500
Location et entretien du matériel roulant. .	700
Total.	6 000

Il reste 3 700 francs de produit net, c'est-à dire un intérêt de 3.36 p. 100 du capital dépensé pour la construction.

Exemples fournis par les chemins de fer français. — Mais les exemples analogues sont trop rares pour en conclure que les chemins de fer d'intérêt local peuvent être construits aussi économiquement, et il nous semble beaucoup plus rationnel de chercher des données et des termes de comparaison dans les résultats de tous genres que nous fournissent les 20 000 kilomètres exécutés ou étudiés dans des conditions si variées de pentes et de rampes, de courbes, de terrassements, d'ouvrages d'art, etc., sur toute la surface de la France et dans des régions présentant les reliefs de terrains les plus différents, à l'est, à l'ouest, au nord et au midi.

Le meilleur moyen de dissiper les illusions persistantes d'une grande partie du public nous paraît être de réunir des faits nombreux pour bien montrer la différence qui existe entre tel ou tel chemin de fer, suivant qu'on peut le tracer en quelque sorte à fleur du sol, comme les routes ordinaires, ou qu'on est obligé de lui faire franchir des faîtes élevés, des dépressions profondes, de larges rivières, etc... Beaucoup de lignes du quatrième réseau se trouvent dans ce cas-là, sans compter que les prescriptions si minutieuses du cahier des charges n'ont pas varié et que les exigences locales, auxquelles on est tenu de satisfaire, vont toujours en augmentant.

Afin de mieux fixer les idées, nous ferons une description succincte de quelques-unes des lignes récemment exécutées par la compagnie de Lyon dans les départements du Jura, du Doubs, de l'Ain, de la Côte-d'Or, de Saône-et-Loire et de l'Yonne, et nous comparerons leurs dépenses kilométriques avec celles de quelques autres chemins dont les détails de construction nous sont aussi connus. Nous en déduirons ensuite les chiffres moyens auxquels il y aurait lieu d'évaluer le *prix de revient* des nouvelles lignes projetées, lorsque leur tracé offrira des conditions à peu près semblables, au point de vue du relief du terrain, du nombre et de l'importance des ouvrages d'art, des stations, etc.

Si un travail du même genre était fait, avec beaucoup plus de précision que le nôtre, par les soins du bureau de la statistique attaché au ministère des travaux publics, pour toutes les lignes exécutées tant en France qu'à l'étranger, dans les pays de plaines, dans les pays de collines, dans les pays de montagnes, non-seulement on arriverait bien vite à posséder des bases à peu près certaines d'estimation dans chaque région particulière des quatre-vingt-neuf départements, mais on pourrait y joindre encore tous les éléments du trafic probable des nouveaux chemins. Dès lors il serait beaucoup plus facile à l'administration de se tenir en garde contre les prévisions trop optimistes de tous ceux qui projettent des travaux à bon marché ou de ceux qui rêvent une recette rémunératrice là où les voyageurs et les marchandises feront toujours défaut et où le produit brut ne couvrira qu'une partie des frais d'exploitation, quelque réduits qu'on les suppose.

Nos éléments de comparaison sont empruntés à un rapport déjà ancien de M. Morandière, ingénieur en chef des ponts et chaussées, directeur des travaux neufs du réseau ouest de la compagnie d'Orléans, rapport sur la construction des chemins de fer de Poitiers à la Rochelle, de Tours au Mans et de Nantes à Saint-Nazaire, qui a été inséré dans les *Annales* des mois de novembre et décembre 1862 ; aux intéressants documents publiés par M. Desnoyers, ingénieur en chef des ponts et chaussées et des lignes de la Bretagne et de la Vendée, sur les chemins de fer de Nantes à Châteaulin et de Châteaulin à Landerneau ; puis par M. Nordling, ingénieur en chef du réseau central d'Orléans, sur les lignes de Montluçon à Moulins, de Montluçon à Limoges, de Bourges à Montluçon, et enfin aux renseignements que nous a fournis M. Ledru, ingénieur des ponts et chaussées, directeur des travaux de la compagnie de l'Est, sur les lignes d'Épinal à Remiremont, de Lunéville à Saint-Dié et d'Avricourt à Dieuze.

Comparaison des prix de revient. — Toutefois il importe de bien faire remarquer que plusieurs des lignes à comparer ayant leurs terrassements et leurs ouvrages d'art effectués pour deux voies; que dans d'autres les terrassements n'étant exécutés que pour une voie; que dans quelques-unes, enfin, les terrains seuls ayant été acquis pour deux voies, il était nécessaire de les ramener toutes à un type uniforme. Pour cela, nous avons dû admettre, comme beaucoup d'ingénieurs l'ont fait déjà :

1° Que le *supplément* de surface correspondant à la seconde voie représentait environ le *dixième* de la valeur totale des terrains ;

2° Que la *différence* entre les terrassements et les ouvrages d'art, exécutés pour deux voies ou pour une seule, équivalait environ au *cinquième* de leur dépense totale.

Avec ces données et en tenant compte aussi des travaux exceptionnels de certaines lignes, tels que perrés, muraillements, pose d'une partie de la seconde voie, etc., etc., nous sommes arrivé à des chiffres qu'on peut considérer comme assez approximatifs pour donner une idée exacte des prix de revient de tous les chemins de fer pris pour types et ramenés à l'hypothèse d'une voie unique. Nous avons dû encore ajouter à ces prix de revient les frais généraux d'administration des compagnies, évalués à 1 p. 100 des dépenses de toute nature, et les intérêts des fonds employés pendant la période de la construction. La durée des travaux étant ordinairement de deux à trois années, les intérêts ne sauraient être fixés à moins de 7 ou 8 p. 100 de la dépense réelle; car on n'emprunte guère à moins de 5.50 p. 100, amortissement compris, et l'on a besoin d'avoir toujours une certaine avance et, par conséquent, des capitaux en caisse, non productifs d'intérêts. Soit que l'on répartisse les payements à effectuer aux entrepreneurs d'une manière uniforme, chaque année, ou par quarts pour la première et la troisième année, et par moitié pour la deuxième, qui est généralement celle où l'activité des chantiers est la plus grande, le calcul des intérêts cumulés, pour une période de trente à trente-cinq mois, conduit à plus de 8 p. 100.

Afin de nous maintenir dans les limites les plus strictes et de ne pas être accusé d'exagérer à plaisir les dépenses, nous nous sommes arrêté au chiffre de 8 p. 100 d'intérêt, pour les lignes dont la dépense totale dépasse 200 000 francs par kilomètre et qui exigent environ trois ans pour leur construction, et à celui de 7 p. 100 pour les lignes coûtant moins de 200 000 francs par kilomètre, dont la période d'exécution peut être moindre. Quant au taux de 5.50 p. 100 fixé pour l'intérêt des emprunts et leur amortissement en quatre-vingt-dix-neuf années, on ne saurait le trouver trop élevé, puisque le gouvernement se décide, à l'heure actuelle, à accepter les mêmes conditions pour les chemins de fer du quatrième réseau qu'il veut exécuter lui-même ou par l'intermédiaire des grandes compagnies.

Premier groupe. — Lignes de Châteaulin à Landerneau; — de Nantes à Saint-Nazaire; — de Mouchard aux Verrières; — de Lons-le-Saulnier à Mouchard; — de Montluçon à Moulins avec embranchements sur Bézenet et Saint-Jacques.

Finistère. 1° *Ligne de Châteaulin à Landerneau.* — Elle présente, sur une longueur de 52 478 mètres, de très-grandes difficultés de tracé, parce qu'elle coupe à peu près perpendiculairement les derniers contre-forts des monts d'Arrée qui entourent la rade de Brest. Il était impossible de contourner ces promontoires si aigus et si déchiquetés, et il a fallu prendre le parti de les couper et de traverser en même temps les vallées profondes qui les séparent; de là sont résultés des terrassements considérables, les trois grands viaducs de Port-Launay (48 mètres de hauteur), de Pont-de-Buis (40 mètres de hauteur) et de Daoulas (37 mètres de hauteur), et le souterrain de Neiz-Vran, qui a

431^m.50 de longueur. Le point de départ, à la gare de Châteaulin, se trouve à la cote de 52^m.50 ; le point d'arrivée, à la gare de Landerneau, est à la cote de 30^m.09.

Dans l'intervalle, le profil en long s'élève, au faîte de Perros, à 86^m.50, descend, pour passer la Doujine, à 55 mètres, remonte au faîte de Neiz-Vran, à 120^m.52, redescend peu à peu, pour franchir la rivière de Daoulas, à 44 mètres, remonte vers le faîte de Dirinon, à 102^m.45, et redescend encore jusqu'au niveau de l'Elorn, à 14^m.06.

L'inclinaison maxima de 0^m.012 par mètre a dû être adoptée sur une longueur de 13 133 mètres en rampe et de 6 809 mètres en pente, ce qui représente 38 p. 100 environ du parcours total. La longueur cumulée des pentes et rampes est à celle des paliers horizontaux dans le rapport de 76.5 à 23.5.

Les courbes offrent un développement de 28 069 mètres, soit 53 p. 100 de la longueur totale ; celles de 500 mètres de rayon sont au nombre de trente-cinq et représentent 28 p. 100 du parcours.

La largeur moyenne de la zone acquise pour deux voies est de 35^m.77. Le cube moyen des terrassements est de 49^m.36, et l'on a employé 2^m.339 de ballast par mètre linéaire de voie, tassement compris. Indépendamment des grands ouvrages d'art signalés ci-dessus, cette ligne a nécessité la construction de cent douze ouvrages ordinaires, pour routes, chemins et cours d'eau ; ce qui correspond à plus de deux par kilomètre, sans compter trente-cinq passages à niveau avec maisons de gardes.

Les stations sont au nombre de cinq ; leur espacement moyen est de 10 786 mètres.

La dépense kilométrique de tous les travaux exécutés pour deux voies est, d'après M. Desnoyers, de 341 341 fr. ; elle s'élève jusqu'à 689 857 francs pour les 8 342 mètres de la section de Port-Launay, et s'abaisse à 187 780 francs pour les 13 440 mètres de la section de Hanvec.

Ainsi que nous venons de le dire, ces chiffres se trouveront réduits, dans les tableaux comparatifs ci-après, de tout l'excédant de dépense qui est censé correspondre aux terrains et aux travaux de la seconde voie.

Loire-Inférieure. 2° *Ligne de Nantes à Saint-Nazaire.* — Elle a 61 800 mètres de longueur, part des quais de Nantes et suit le pied des coteaux qui bordent la rive droite de la Loire jusque vers Couëron; de là elle passe au pied du sillon de Bretagne, revient ensuite dans la vallée et arrive à Saint-Nazaire, parallèlement au bassin à flot.

La sortie de Nantes a présenté des difficultés sérieuses et a nécessité la démolition d'un grand nombre de vieilles maisons. Dans toutes les parties où le chemin est situé dans le val de la Loire, il a été établi à 2 mètres au-dessus des plus hautes crues et se trouve défendu par des perrés du côté du fleuve. Dans la partie correspondant au sillon de Bretagne, le profil en long présente une succession de déblais et remblais d'autant plus coûteux que la majeure partie des tranchées est ouverte dans les roches dures de granit et de schiste.

Sauf trois courbes de 500 mètres à la sortie de Nantes, les plus petites courbes n'ont pas moins de 1 000 mètres de rayon; les pentes et les rampes ne dépassent pas 0m.004. La longueur cumulée des pentes et rampes est à celle des paliers horizontaux dans le rapport de 44.8 à 55.2.

Le développement total des courbes est à celui des alignements droits dans le rapport de 27 à 73.

Les terrains, achetés pour deux voies, offrent une largeur moyenne de 35m.60 par mètre linéaire. Le cube moyen des terrassements, exécutés également pour deux voies, est de 30m³.48, et le cube moyen de ballast, de 2m³.34 par mètre linéaire de voie.

Les nombreux ruisseaux et canaux qui sillonnent le pays ont nécessité beaucoup de petits ouvrages d'art. Il y en a 110 construits pour deux voies, soit 1 ouvrage 4/5 par kilomètre, non compris 54 passages à niveau avec maisons de gardes.

Il y a neuf stations, parmi lesquelles celle de Saint-Nazaire a une assez grande importance. Leur espacement moyen est de 8 052 mètres.

Le prix de revient kilométrique donné par M. Morandière, pour l'ensemble des travaux, est de 300 585 francs.

Jura et Doubs. 3° *Ligne de Mouchard aux Verrières* (frontière suisse).

Cette ligne offre une longueur de 72 582^{m}.40 et a été ouverte dans un pays très-accidenté, puisqu'elle traverse toute la chaîne des monts Jura. Son tracé part de la gare de Mouchard à la cote de 288 mètres, et s'élève successivement, par des courbes nombreuses dont le rayon se réduit souvent à 350 mètres et avec des rampes de 2 centimètres (0^{m}.02), puis de 1 centimètre (0^{m}.01) par mètre, sur le premier et sur le second plateau jurassique, situés à 640 mètres et à 860 mètres d'altitude. A partir de Pontarlier, le profil en long monte encore jusqu'à la frontière suisse, dont la cote est de 919 mètres. La différence de niveau entre le point d'arrivée et le point de départ est ainsi de 631 mètres.

La longueur cumulée des rampes est de 45 305 mètres; celle des pentes est de 8 492 mètres; ce qui représente 74 p. 100 du parcours total. Le développement des courbes est de 34 839 mètres, soit 48 p. 100; beaucoup n'ont que 350 mètres de rayon, ce qui donne une idée de la configuration tourmentée du sol.

Indépendamment des tranchées et remblais considérables qui se succèdent sur une partie de son parcours, l'exécution de cette ligne a nécessité l'établissement d'ouvrages d'art importants, tels que les viaducs de Montigny et d'Andelot, de 22 mètres et de 27^{m}.50 de hauteur, les deux ponts sur le Drugeon et sur le Doubs, et une dizaine de tunnels présentant une longueur totale de 2 070 mètres.

Il y a, en outre, 142 ouvrages d'art ordinaires pour passages de routes et chemins, ruisseaux, etc..., ce qui fait 2 ouvrages environ par kilomètre, non compris 33 passages à niveau avec maisons de gardes.

Les terrains ont été acquis pour deux voies, avec une largeur moyenne de 31m.91, y compris la superficie des gares.

Les terrassements, exécutés pour une seule voie, présentent un cube de 27m.63 par mètre courant. Les ouvrages d'art sont construits pour les deux voies. La voie a été ballastée avec de la pierre cassée et du gravier, et l'on y a employé 2m3.46 par mètre linéaire, tassement compris.

Les gares ou stations sont au nombre de neuf ; leur espacement moyen est de 9 072m.80. Celle de Pontarlier comprend un bâtiment spécial pour la douane, une remise de machines, une remise de voitures et une prise d'eau ; deux autres prises d'eau existent sur l'étendue de la ligne.

Le coût total des travaux est de 257 073 francs par kilomètre, non compris les frais généraux et les intérêts pendant la période de la construction.

Jura. 4° *Ligne de Lons-le-Saulnier à Mouchard.* — Elle a 49 399 mètres de longueur, et forme la seconde section de la ligne de Bourg à Besançon. A partir de la gare de Lons-le-Saulnier, où la cote du rail est de 267m.90, le tracé s'engage dans une dépression de terrain existant entre le revers occidental de la chaîne du Jura et une colline isolée, jusqu'au col de la Liesme, point culminant situé à 331m.69. Il descend ensuite vers Domblans, où il franchit la Seille, à la cote de 248m.13, remonte au col de Saint-Lamain, qui est traversé en tunnel, se maintient après sur le versant des coteaux tourmentés qui existent à la base de la chaîne du Jura et constituent la zone intermédiaire entre la montagne et la plaine ; puis il se rapproche successivement, par deux brusques contours, des villes de Poligny et d'Arbois, dont il traverse le territoire, à la cote de 294m.67

pour la première et de 268^{m}.50 pour la seconde; enfin il vient se raccorder à la gare de Mouchard, avec la double ligne de Dôle à Salins et de Mouchard à la frontière suisse, à la cote de 288 mètres.

Les pentes et rampes atteignent souvent 0^{m}.015; leur longueur cumulée est à celle des paliers horizontaux dans le rapport de 69.9 à 30.1.

Le rayon minimum des courbes est de 400 mètres; leur développement est égal, à peu de chose près, à celui des alignements droits.

Les seuls ouvrages à signaler sont le tunnel de Saint-Lamain et les ponts sur la Vallière, la Seille et la Cuisance; mais les terrains accidentés que le chemin de fer traverse ont nécessité des terrassements assez considérables, exécutés en général pour une seule voie.

La largeur moyenne de la zone acquise pour deux voies est de 40^{m}.27. Le cube moyen des terrassements est de 22^{m}.75 par mètre linéaire. Ils sont composés pour la majeure partie de terrains argileux qui ont exigé beaucoup d'assainissements et de consolidations. Il y a près de 3 ouvrages par kilomètre, pour routes, chemins et cours d'eau, non compris 27 passages à niveau avec maisons de gardes.

Le cube moyen du ballast employé est de 2^{m}.52 par mètre linéaire de voie.

Les stations sont au nombre de huit; leur espacement moyen est de 6 174^{m}.90. Celle de Lons-le-Saulnier comporte des remises de voitures et de machines ainsi qu'une prise d'eau. Une autre prise d'eau existe à Poligny.

Le prix de revient, pour l'ensemble des travaux exécutés, est de 244 637 francs par kilomètre.

Allier. 5° *Ligne de Montluçon à Moulins.* — Cette ligne a 88 396 mètres de longueur, en y comprenant les deux embranchements de Bézenet et de Saint-Jacques et l'amorce de la ligne de Bourges. Le premier de ces embranchemente a 4 955 mètres, le second 1 125 mètres, et l'amorce de la ligne de Bourges 1 696 mètres, ce qui réduit la ligne principale à 80 620 mètres.

Le tracé part de la gare de Montluçon, située sur la rive droite du Cher, à la cote de $211^{m}.86$, et se dirige vers le plateau de Commentry, qui est à la cote de $375^{m}.97$, en serpentant au fond de la gorge de l'Amaron, avec une rampe presque continue de $0^{m}.015$ par mètre sur 13 kilomètres.

A partir de là le tracé s'infléchit vers le nord-est, en descendant d'abord jusqu'à la cote $255^{m}.86$, près de Villefranche, et remontant ensuite jusqu'au col de Tronget, qui appartient au faîte séparatif des bassins du Cher et de l'Allier et se trouve à la cote de $458^{m}.86$. Entre ce col et Moulins la différence de niveau de 232 mètres est rachetée au moyen de déclivités qui atteignent souvent $0^{m}.015$. Le revers de la Quenne, étant assez incliné et découpé par de nombreux ravins, a nécessité deux petits tunnels et plusieurs tranchées et remblais considérables. A Messarges, une vallée latérale est franchie sur un viaduc en maçonnerie de $25^{m}.80$ de hauteur; ce n'est qu'à partir de Souvigny que le tracé, ayant rejoint le fond de la vallée, se trouve dans des conditions ordinaires. On arrive à la gare de Moulins, après avoir traversé l'Allier sur un pont métallique, à la cote de $226^{m}.70$.

La longueur cumulée des pentes et rampes est à celle des paliers horizontaux dans le rapport de 78.7 à 21.3. L'inclinaison maximum de $0^{m}.15$ règne sur 33 735 mètres. Les courbes présentent un développement total de 43 592 mètres, qui est à la longueur totale des alignements droits dans le rapport de 49 à 51; le rayon minimum est de 500 mètres; il y a, sur l'étendue du tracé, 7 courbes de ce rayon et 6 de 400 mètres.

Les terrains ont été achetés et les terrassements et ouvrages d'art exécutés pour deux voies, sauf sur l'embranchement de Saint-Jacques qui n'a été construit que pour une seule voie. La largeur de la zone acquise est de 33m.65. Le cube des terrassements est à peu près de 31 mètres par mètre courant, et celui du ballast de $2^{m^3}.75$ par mètre linéaire de voie.

Le nombre des ouvrages ordinaires est de 292, ce qui fait 3 ouvrages 1/3 par kilomètre, sans compter 78 passages à niveau avec maisons de gardes.

Il y a sept stations intermédiaires sur la ligne principale et une sur l'embranchement de Bézenet; leur espacement moyen est de 9 572 mètres.

Le prix de revient kilométrique, donné par M. Nordling, pour l'ensemble des travaux, est de 274 415 francs.

Le tableau ci-après résume les dépenses kilométriques afférentes à toutes les lignes qui précèdent.

Premier groupe.

DÉSIGNATION des Lignes.	Frais d'études et de personnel.	Terrains.	Terrassements.	Ouvrages d'art.	Voie et matériel fixe.	Stations et maisons de gardes.	Frais généraux et intérêts pendant la construction.	TOTAUX.
	Francs.	Francs.	Francs.	Francs.	Francs.	Francs.	Francs.	Francs.
Châteaulin à Landerneau (52 478 mét.).	13 339	21 781	78 037	111 201	51 354	17 855	26 421	319 988
Nantes à Saint-Nazaire (61 800 mét.).	5 464	63 050	55 533	45 538	67 065	31 461	24 130	292 241
Mouchard (aux Verrières (72 582 mét.).	9 330	14 018	89 212	61 174	46 858	22 164	21 848	264 604
Lons-le-Saulnier à Mouchard (49 399m).	9 078	35 152	67 408	33 630	5 127	36 274	21 013	254 482
Montluçon à Moulins (88 396 mét.). . . .	6 048	23 186	62 996	42 000	66 015	32 412	20 940	253 597
Moyennes du premier groupe.	8 652	31 437	70 637	58 709	56 644	28 033	22 870	276 982

Il résulte de cette comparaison que les chemins de fer construits ou à construire à une seule voie, dans des conditions analogues à celles qui se sont présentées pour les cinq lignes ci-dessus, dans les départements du Finistère, de la Loire-Inférieure, du Jura, du Doubs et de l'Allier, doivent revenir à peu près à 270 000 francs le kilomètre, si l'on tient compte des intérêts pendant la période de la construction, et à 250 000 francs le kilomètre, si l'on ne tient pas compte de ces intérêts.

La partie des dépenses dans laquelle se trouvent moins engagés la capacité, l'expérience et l'esprit d'économie des ingénieurs, c'est-à-dire celle correspondant aux acquisitions de terrains, à la voie, au matériel fixe et aux stations ou gares, monte au chiffre d'environ. .	fr. 115 000
L'autre partie, comprenant les études, l'exécution des terrassements et des ouvrages d'art, arrive au chiffre moyen de.	135 000
Total.	250 000

Si l'on ne faisait pas entrer en ligne de compte les acquisitions de terrains de la ligne de Nantes à Saint-Nazaire, qui se sont élévées à un très-haut prix, la première moyenne ci-dessus se réduirait de 115 000 à 107 000 francs.

D'un autre côté, si l'on faisait abstraction de la dépense exceptionnelle des ouvrages d'art de la ligne de Châteaulin à Landerneau, la seconde moyenne ci-dessus se réduirait de 135 000 à 122 000 francs ; le prix de revient kilométrique se trouverait par suite abaissé à 229 000 francs ; mais ces deux hypothèses sont trop favorables au bon marché idéal pour que nous les admettions ! Il y aura toujours, en effet, dans les pays difficiles, quelque circonstance particulière qui augmentera les dépenses.

En conséquence, les prix kilométriques ci-dessus, de 270 000 francs et de 250 000 francs, avec ou sans les intérêts des fonds dépensés, doivent être maintenus.

Deuxième groupe. — Lignes de Montluçon à Limoges avec embranchement d'Aubusson; — de Savenay à Lorient; — de Chagny au Creusot et à Montceau; — de Lorient à Châteaulin; — de Nuits-sous-Ravières à Châtillon-sur-Seine; — de Bourg à Lons-le-Saulnier; — de Poitiers à la Rochelle et à Rochefort.

Allier, Creuse, Haute-Vienne. 1° *Ligne de Montluçon à Limoges.* — Elle a une longueur de 121 750 mètres entre son point de départ situé sur la ligne de Montluçon à Bourges, après le passage du Cher, et son point de raccordement à Saint-Sulpice-Laurière, avec la ligne de Limoges à Châteauroux, que l'on a rectifiée sur 2 001 mètres. L'embranchement d'Aubusson a été, en outre, exécuté sur 15 103 mètres, ce qui porte la longueur totale construite à 138 854 mètres.

Le tracé s'élève avec une rampe continue de $0^{m}.010$ à $0^{m}.0125$, sur plus de 25 kilomètres, jusqu'au faîte séparatif du Cher et de la petite Creuse, qui est franchi à la cote $438^{m}.06$. Après avoir traversé la petite Creuse, au moyen d'un viaduc en maçonnerie, le tracé se maintient dans le bassin de cette rivière jusqu'à Cressat, en coupant toutefois un contre-fort situé à la cote de 469 mètres, puis une dépression du bassin de la Voueyse, affluent du Cher, à la cote de $425^{m}.50$. Cressat, point culminant de toute la ligne, est à 510 mètres. Immédiatement après on descend dans la vallée de la Creuse, qui est traversée en viaduc à la cote de $397^{m}.50$. A partir de là, le tracé gagne Guéret, puis s'élève sur le faîte séparatif des affluents de la Creuse et de ceux de la Gartempe, en serpentant continuellement. Le col de Montbut est franchi par une très-grande tranchée suivie d'un fort remblai; le tracé redescend dans la vallée de la Gartempe, remonte au faîte qui la sépare d'un de ses affluents, l'Ardour, traverse ensuite cette dernière rivière à la cote de 374 mètres, et vient rejoindre la ligne de Châteauroux à Limoges, à la cote de 401 mètres, après une succession de tranchées et de remblais considérables, entre lesquels se trouve le tunnel de la Rivière.

L'embranchement d'Aubusson est exécuté tout entier sur la rive droite de la Creuse, à la suite du grand viaduc de Busseau-d'Ahun.

La longueur cumulée des pentes et rampes, tant sur la ligne principale que sur l'embranchement, est de 114 978 mètres, tandis que les paliers réunis ne donnent que 21 775 mètres; la proportion est donc de 84 à 16. L'inclinaison maximum est de $0^{m}.015$ sur 7 500 mètres. D'une extrémité à l'autre du profil en long, la somme des montées est de $652^{m}.24$ et la somme des descentes de $463^{m}.10$.

Le développement total des courbes est à celui des alignements droits dans le rapport de 54 à 46. Il y a cinq courbes du rayon minimum de 300 mètres et quarante-trois de 350 mètres. Trois tunnels ont ensemble une longueur de $1\,013^{m}.55$. Il y a quatre viaducs, dont un très-remarquable avec piles et tablier métalliques, à Busseau-d'Ahun, et 486 ouvrages d'art ordinaires, ce qui fait 3 ouvrages et demi par kilomètre, non compris 71 passages à niveau.

Les terrains ont été achetés pour deux voies, tant sur la ligne principale que sur l'embranchement jusqu'à la station d'Ahun-les-Mines; la largeur moyenne de l'emprise est de 35 mètres.

Les tunnels, viaducs et autres ouvrages d'art de la ligne principale ont été également exécutés pour deux voies. Les terrassements sont presque partout exécutés pour une seule voie; le cube moyen par mètre linéaire est de $31^{m}.62$. Le cube du ballast est de $2^{m}.50$.

Les stations sont au nombre de quinze entre Montluçon et Saint-Sulpice-Laurière. Il existe également une station sur l'embranchement d'Aubusson. Leur espacement moyen est de 8 600 mètres.

Le prix de revient kilométrique donné par M. Nordling, pour l'ensemble des travaux, est de 226 536 francs.

Loire-Inférieure, Ille-et-Vilaine, Morbihan. 2° *Ligne de Savenay à Lorient.* — Elle présente une longueur totale de 155 373 mètres, y compris l'embranchement sur le port de commerce de Lorient, qui a 1 580 mètres. Le tracé s'embranche sur celui de la ligne de Nantes à Saint-Nazaire, à la sortie de la gare de Savenay, à la cote 16m.83. Il suit d'abord le pied du sillon de Bretagne, en se dirigeant sur Pont-Château, passe en souterrain sous une partie de cette petite ville, puis s'infléchit vers le nord pour gagner Redon, en franchissant la Vilaine sur une travée métallique de 40 mètres de portée, à la cote 11 mètres. Au delà, le tracé tourne brusquement à l'ouest, traverse les vallées de l'Oust et de l'Ars, s'élève graduellement jusqu'à Malansac, suit pendant 21 kilomètres le plateau presque horizontal de Questembert, dont le point culminant est à la cote 118 mètres, et redescend à Vannes, à la cote 21 mètres, par la vallée accidentée de Saint-Nolff. Après Vannes le chemin se maintient à un niveau peu élevé, c'est-à-dire à moins de 46 mètres de hauteur, jusqu'à Lorient; mais il rencontre sur son parcours les profondes vallées de la Salle, de la rivière d'Auray et du Blavet, qu'il franchit, la première par un remblai de 26 mètres et les deux autres par de grands viaducs. La traversée du Scorff, sur un grand pont métallique suivi d'un viaduc en maçonnerie, qui est l'ouvrage le plus important de la ligne, précède l'entrée à Lorient, à la cote 13m.50.

Les pentes et rampes sont assez faibles sur tout le parcours; l'inclinaison maximum est de 0m.0085. La longueur cumulée des pentes et rampes est à celle des paliers horizontaux dans le rapport de 65 à 35.

Toutes les courbes ont au moins 600 mètres de rayon, à l'exception d'une seule de 500 mètres, à la sortie de Vannes.

Le développement total des courbes est à celui des alignements droits dans le rapport de 32 à 68.

Indépendamment des grands ouvrages d'art déjà signalés, qui sont au nombre de 10, il y a 281 ouvrages ordinaires, exécutés tous pour deux voies, ce qui fait près de 2 ouvrages par kilomètre, sans compter 108 passages à niveau avec maisons de gardes.

Les terrains ont été achetés pour deux voies, avec une largeur moyenne de $34^{m}.58$.

Le cube des terrassements, par mètre linéaire, est de $31^{m}.23$ pour les deux voies. Le cube du ballast employé, tassement compris, est de $2^{m}.38$ pour une voie.

Il y a sur cette ligne 16 stations, y compris les gares extrêmes de Savenay et Lorient; leur espacement moyen est de 9 990 mètres.

Le prix de revient kilométrique donné par M. Desnoyers, pour l'ensemble des travaux, est de 234 949 francs.

Côte-d'Or, Saône-et-Loire. 3° Ligne de Chagny au Creusot et à Montceau. — Cette ligne a 54 394 mètres de longueur, y compris la voie de raccordement avec les mines de Montceau. Le tracé s'embranche à la station de Chagny, sur la grande ligne de Paris à Lyon par la Bourgogne, à la cote $215^{m}.45$, et se maintient dans la vallée de la Dheune, tout près du canal du Centre, jusqu'au point de partage, à la cote $325^{m}.25$. C'est dans la gare de Montchanin qu'a lieu la bifurcation de la ligne qui se dirige sur le Creusot, puis sur Nevers et de celle qui se dirige sur Montceau-les-Mines, Digoin et Moulins, en suivant la vallée de la Bourbince. La distance entre Montchanin et le Creusot, dont la cote de hauteur est $353^{m}.70$, est de 7 279 mètres; elle est de 16 252 mètres, entre Montchanin et Montceau, dont la cote est $285^{m}.10$.

L'inclinaison maximum des pentes et rampes est de $0^{m}.010$; leur longueur cumulée est à celle des paliers horizontaux dans le rapport de 53.53 à 46.47.

Le rayon minimum des courbes est de 500 mètres; leur développement total est à celui des alignements droits dans le rapport de 37.42 à 62.58.

Les principaux ouvrages d'art sont les ponts sur la Dheune, sur le canal du Centre et sur la Bourbince. Il y a, en outre, 149 ouvrages d'art ordinaires, soit 2 3/4 par kilomètre, sans compter 39 passages à niveau avec maisons de gardes.

Les terrassements n'ont été effectués, en général, que pour une seule voie; leur cube moyen est de 28m.88 par mètre linéaire. Le cube moyen du ballast est de 2m.46.

La largeur de la zone de terrains, acquise pour les deux voies, est de 36m.60, y compris la superficie des gares.

Tous les ouvrages ont été exécutés pour deux voies, à l'exception d'une vingtaine, situés entre Montchanin et le Creusot.

Les stations sont au nombre de 10, en y comprenant les gares extrêmes de Chagny et du Creusot, dans lesquelles on a établi des installations spéciales. L'espacement moyen est de 5 889m.33. Il existe deux prises d'eau : l'une à Montchanin, l'autre à Montceau.

Le prix de revient kilométrique, pour l'ensemble des travaux, est de 215 779f.42.

Morbihan, Finistère. 4° Ligne de Lorient à Châteaulin.— Elle a 94 169 mètres de longueur. Le tracé quitte la gare de Lorient, à la cote de 15 mètres, et s'élève rapidement sur le plateau de Gestel, situé à la cote 49m.70, sur lequel il se maintient à peu près horizontalement pendant 11 ou 12 kilom., pour descendre ensuite dans la vallée de la Laita, qui est franchie à la cote de 30 mètres, au moyen d'un viaduc de 30 mètres de hauteur et de terrassements considérables, à l'extrémité desquels se trouve la station de Quimperlé. A partir de là, le tracé monte vers le faîte de Rosporden, à la cote 121 mètres, redescend à Quimper, à la cote 5m.26, passe en souterrain sous le contre-fort de Kerfeuntun, s'engage dans la sinueuse vallée du Steïr, qui est traversé vingt fois d'une rive à l'autre, s'élève graduellement jusqu'au col de Trévoalec, à la cote 120m.58, descend par une pente rapide sur les revers accidentés du contre-fort des montagnes Noires, franchit en viaduc la vallée de Kerlobert et arrive à la station de Châteaulin, à la cote 52 mètres.

Cette description succincte suffit pour faire comprendre combien le terrain est tourmenté. Il a fallu adopter pour les pentes et rampes l'inclinaison de $0^m.010$, sur un grand nombre de points, et elle a été portée à $0^m.012$ aux abords de Châteaulin. On a fait un fréquent usage des courbes de 500 mètres de rayon, mais on n'est pas descendu au-dessous de cette limite.

La longueur cumulée des pentes et rampes est à celle des paliers horizontaux dans le rapport de 77.8 à 22.2. Le développement total des courbes est à celui des alignements droits dans le rapport de 39 à 61.

Indépendamment des viaducs de Quimperlé et de Châteaulin, des souterrains de Quimper et de Plogonnec, et des vingt ponts construits sur le Steïr, il y a sur cette ligne cent quatre-vingt-dix ouvrages d'art ordinaires, ce qui fait environ deux par kilomètre, non compris soixante-trois passages à niveau avec maisons de gardes.

Les terrains ont été achetés pour deux voies et présentent une superficie moyenne de $32^m.32$.

Le cube des terrassements, par mètre linéaire, est de 36 mètres pour les deux voies. Le cube du ballast employé est de $2^m.11$, tassement compris, pour une seule voie.

Il y a sept stations, dont deux principales à Quimper et à Châteaulin. Leur espacement moyen est de 15 688 mètres.

Le prix de revient kilométrique donné par M. Desnoyers, pour l'ensemble des travaux, est de 228 970 francs.

Yonne, Côte-d'Or. 5° *Ligne de Nuits-sous-Ravière à Châtillon-sur-Seine.* — Cet embranchement, de 35 462 mètres de longueur, se détache de la ligne principale de Paris à Lyon, à la gare même de Nuits-sous-Ravières, à la cote $195^m.72$; il traverse immédiatement la vallée de l'Armançon et le canal de Bourgogne et se développe ensuite, d'abord sur le versant gauche, puis sur le versant droit du vallon de Plainefeau. Le tracé se maintient sur ce dernier versant jusqu'au plateau de Bréviande, faîte de séparation des bassins de l'Armançon et de la Seine, à la cote 257m.72, descend à la cote 215m.60 pour franchir la petite rivière de Laignes, et se maintient à peu près au même niveau jusqu'à la traversée de la Seine, près Sainte-Colombe, à la cote 225m.50. La gare de Châtillon est elle-même à la cote 224m.55.

Les pentes et rampes ne dépassent pas, en général, 0m.010 par mètre; sur un seul point on a dû adopter deux rampes successives de 0m.0108 et de 0m.0115 sur 2 982 mètres. La longueur cumulée des pentes et rampes est à celle des paliers horizontaux dans le rapport de 67.50 à 32,50.

Le développement total des courbes est à celui des alignements droits dans le rapport de 26.50 à 73.50; le rayon minimum des courbes est d'ailleurs de 450 mètres.

Les seuls ouvrages d'art importants sont les ponts sur l'Armançon, sur le canal de Bourgogne et sur la Seine. Il y a, en outre, soixante et un ouvrages ordinaires pour routes, chemins et écoulements d'eau, ce qui fait un ouvrage 3/4 environ par kilomètre, indépendamment de dix-huit passages à niveau avec maisons de gardes. Tous les ouvrages ont été construits pour une voie, à l'exception de cinq ponts par-dessus le chemin de fer.

Les terrassements, exécutés aussi pour une voie, présentent un cube moyen de 18m.68 par mètre linéaire. Le cube du ballast employé est de 1m.96.

Les terrains ont été acquis pour deux voies, avec une largeur moyenne de 32m.73.

Il y a six stations, y compris celle de Nuits-sous-Ravières qui a dû être notablement agrandie. Leur espacement moyen est de 7 077m.04. La gare de Châtillon-sur-Seine est commune à la compagnie de l'Est, pour la ligne venant de Bar-sur-Seine et pour celle qui se dirige sur Chaumont;

elle comprend des remises de machines, de voitures et une prise d'eau.

Le prix de revient kilométrique, pour l'ensemble des travaux à la charge de la compagnie de Lyon, est de 193 018f.77.

Ain, Saône-et-Loire, Jura. 6° ***Ligne de Bourg à Lons-le-Saulnier.*** — Elle forme la première section du chemin de fer de Bourg à Besançon et a 63 264 mètres de longueur. Le tracé s'éloigne peu, sur tout le parcours, de la direction de la route impériale n° 83 de Lyon à Strasbourg. Il se détache de la ligne de Mâcon à Genève, à 550 mètres avant la gare de Bourg et à la cote 240m.16, et il se maintient à la base des ondulations de terrains qui forment le pied de la chaîne du Jura et la lisière du plateau de la Bresse. Le point le plus bas se trouve près de la station de Coligny, à la cote 209m.40. La cote d'arrivée à la gare de Lons-le-Saulnier est 267m.90.

Les pentes et rampes ne dépassent pas 0m.012; leur longueur cumulée est à celle des paliers horizontaux dans le rapport de 65.89 à 34.11.

Le développement total des courbes est à celui des alignements droits dans le rapport de 37.42 à 62.58. Le rayon minimum adopté est de 500 mètres.

Aucun ouvrage d'art important n'est à signaler. Il y a cent cinquante-six ponts et aqueducs pour routes, chemins et cours d'eau, ce qui fait près de deux ouvrages 1/2 par kilomètre, sans compter quarante-neuf passages à niveau avec maisons de gardes. Tous ces ouvrages ont été construits pour deux voies.

Les terrassements, exécutés pour une seule voie, offrent un cube moyen de 19m.09 par mètre linéaire. Le cube du ballast est de 2m.97, les tassements des remblais, composés de terres argileuses, ayant été très-considérables.

La largeur moyenne des terrains acquis pour deux voies est de 28m.89.

Les stations, non compris celles de Bourg et de Lons-le-

Saulnier, sont au nombre de neuf, espacées moyennement de 6 381 mètres. Il y a une prise d'eau à Saint-Amour.

Le prix de revient kilométrique, pour l'ensemble des travaux, est de 197 751 francs.

Vienne, Deux-Sèvres, Charente-Inférieure. 7° *Lignes de Poitiers à la Rochelle et à Rochefort.* — Cette ligne a 158 276 mètres de longueur et s'embranche sur celle de Paris à Bordeaux, dans la gare de Saint-Benoît, à 4 222 mètres au delà de Poitiers, à la cote 85m.50. Le tracé s'élève sur le plateau de Coulombiers, à la cote 142 mètres, par la petite vallée de Fontaine-le-Comte, franchit la Vonne, à Lusignan, et atteint un peu avant Rouillé, à la cote 160m.49, le faîte qui sépare le bassin du Clain et de la Vienne de celui de la Sèvre Niortaise ; il descend dans le val de la Sèvre en s'appuyant sur le flanc des coteaux de Pamproux, passe à Saint-Maixent, à la cote 65m.91, puis à Niort, à la cote 29m.27, se bifurque à Aigrefeuille en deux branches, l'une dirigée vers la Rochelle, l'autre vers Rochefort, où il arrive à la cote 5m.50.

De Saint-Benoît à Niort, le pays est très-accidenté et difficile; les pentes et rampes atteignent 0m.0085, et il y a trois courbes de 500 mètres de rayon. Au delà de Niort, les mouvements du terrain sont beaucoup moins prononcés; mais ils présentent de grandes ondulations qui ont exigé des terrassements considérables. Le minimum des rayons des courbes est de 800 mètres dans cette partie, et le maximum des pentes et rampes est de 0m.005.

La longueur cumulée des pentes et rampes est à celle des paliers horizontaux, pour toute la ligne, dans le rapport de 76 à 24.

Le développement total des courbes est à celui des alignements droits dans le rapport de 25 à 75.

Les principaux ouvrages d'art sont : le pont sur le Clain, les viaducs du Parc et de Lusignan, le pont de Saint-Maixent et le viaduc de la Crèche. Les ouvrages d'art ordinaires pour routes, chemins et ruisseaux, construits pour deux voies, sont au nombre de cent trente-cinq, moins d'un par kilomètre, mais il y a en outre quatre-vingt-neuf passages à niveau avec maisons de gardes.

Les terrains, acquis pour deux voies, présentent une largeur moyenne de 32 mètres.

Les terrassements, exécutés pour deux voies, cubent $30^{m}.65$ par mètre linéaire. Le cube moyen du ballast employé atteint $5^{m}.06$ pour une seule voie.

Les stations sont au nombre de dix-neuf, non compris celle de Poitiers ; leur intervalle moyen est de 8 757 mètres.

Le prix de revient kilométrique donné par M. Morandière, pour l'ensemble des travaux, est de 202 191 francs.

Le tableau ci-après résume les dépenses kilométriques afférentes à ce deuxième groupe, qui comprend sept lignes construites dans les quinze départements de l'Allier, la Creuze, la Haute-Vienne, la Loire-Inférieure, l'Ille-et-Vilaine, le Morbihan, Saône-et-Loire, le Finistère, l'Yonne, la Côte-d'Or, l'Ain, le Jura, la Vienne, les Deux-Sèvres et la Charente-Inférieure.

Deuxième groupe.

DÉSIGNATION des lignes.	Frais d'études et de personnel.	Terrains.	Terrassements.	Ouvrages d'art.	Voie et matériel fixe.	Stations et maisons de gardes.	Frais généraux et intérêts pendant la construction.	Totaux.
	francs.	francs.	francs.	francs.	francs.	francs.	francs.	francs.
Montluçon à Limoges (138 854 mèt.). . . .	10 551	13 728	73 184	40 549	52 212	26 283	19 486	235 993
Savenay à Lorient (153 373 mèt.). . . .	9 858	19 071	50 802	36 143	58 785	36 752	19 027	230 438
Chagny au Creusot et à Montceau (54 394m)	6 488	30 009	57 506	20 934	62 835	30 977	18 787	227 536
Lorient à Châteaulin (94 169 mèt.).	9 632	19 592	60 581	37 127	51 783	24 005	18 245	220 965
Nuits-sous-Ravières à Châtillon (35 462m.).	6 513	18 802	53 865	28 224	53 833	29 403	17 160	207 820
Bourg à Lons-le-Saulnier (63 264 mèt.). .	8 716	24 358	54 704	27 805	51 814	22 782	17 116	207 295
Poitiers à la Rochelle et à Rochefort (158 276 mèt.). . . .	6 352	15 213	47 261	18 736	56 756	39 684	16 560	200 562
Moyennes du deuxième groupe.	8 301	20 110	56 846	29 931	55 431	29 984	18 054	218 657

On peut en conclure que, si l'on tient compte des frais de tout genre, l'exécution d'un chemin de fer, dans des conditions à peu près semblables, reviendra à 220 000 francs environ par kilomètre.

Les terrains, la voie et le matériel, les stations et maisons de gardes, c'est-à-dire toutes les dépenses sur lesquelles influent peu les difficultés du tracé, entrent dans ce total pour un chiffre de 105 000 francs.

Les frais d'études et de personnel, les terrassements et ouvrages d'art y entrent pour 95 000 francs.

Pour ces deux natures de dépenses, l'écart le plus considérable existe entre les terrassements et ouvrages d'art de la ligne de Montluçon à Limoges, qui montent à 113 733 francs, et ceux de la ligne de Poitiers à la Rochelle et à Rochefort, qui ne s'élèvent qu'à 65 997 francs.

Pour la voie, le matériel et les stations, l'écart s'élève à peine à 21 844 francs entre la ligne de Poitiers à la Rochelle et à Rochefort, qui offre le chiffre maximum, et celle de Bourg à Lons-le-Saulnier qui offre le minimum.

Il y a lieu de remarquer que pour ces sept lignes différentes, la largeur moyenne des emprises de terrains est de 33^{m}.16 pour deux voies (il aurait fallu de 29 mètres à 30 mètres pour une seule); que le cube moyen des terrassements, par mètre linéaire, est d'environ 25^{m}.22, *pour une seule voie*, et le cube moyen du ballast de 2^{m}.49.

Cela montre combien est erronée l'hypothèse, souvent faite dans les avant-projets, qu'une zone de 15 à 16 mètres de large peut suffire pour les chemins de fer à une voie et qu'on peut réduire le cube du ballast à 1^{m}.50. On peut en conclure encore que des erreurs aussi grandes étant commises pour la partie des dépenses qui est la plus facile à apprécier d'avance, on doit se défier *à fortiori* des évaluations relatives aux terrassements, ouvrages d'art, etc.

Troisième groupe. — Lignes d'Épinal à Remiremont; — d'Arc-Senans à Franois; — de Tours au Mans; — d'Auray à Napoléonville; — de Lunéville à Saint-Dié; — d'Avricourt à Dieuze; — de Bourges à Montluçon.

Vosges. 1° *Ligne d'Épinal à Remiremont.* — Cet embranchement, de 24 145 mètres de longueur, se détache, à la cote 365m.30, de la ligne de Nancy à Gray, à 3 750 mètres de la gare d'Épinal, et remonte la vallée de la Moselle, en se maintenant sur la rive gauche, tout près de la route impériale n° 57, de Metz à Besançon, qu'il croise plusieurs fois. Le profil en long, assez accidenté, a nécessité des terrassements considérables pour un tracé établi sur un même versant. Le point le plus bas est à la cote 339m.74, le point culminant à la cote 406m.34; on descend ensuite jusqu'à Remiremont, à la cote 388m.36. L'inclinaison maximum adoptée est 0m.009. Il n'y a qu'une seule courbe du rayon maximum de 500 mètres.

La longueur cumulée des pentes et rampes est à celle des paliers horizontaux dans le rapport de 70 à 30.

Le rapport existant entre le développement total des courbes et celui des alignements droits est de 52 à 48.

Il n'y a qu'un seul ouvrage d'art important, le viaduc de Dinozé, de 80 mètres de longueur, exécuté pour deux voies, comme tous les autres ouvrages.

Les terrassements n'ont été exécutés que pour une voie; leur cube moyen est de 24m.58 par mètre courant.

Il y a soixante-trois ouvrages ordinaires, ce qui fait deux ouvrages et demi par kilomètre, non compris dix-sept passages à niveau.

Le cube moyen du ballast employé est de 2m.30 par mètre linéaire; la largeur moyenne de la zone de terrains acquis pour deux voies est de 46m.50, mais cette largeur comprend de nombreux excédants.

Les trois stations de cet embranchement sont espacées moyennement de 9 316 mètres.

Le prix de revient kilométrique donné par M. Ledru, pour l'ensemble des travaux, est de 187 250 francs.

Doubs. 2° *Ligne d'Arc-Senans à Franois.* — Cette ligne, de 26 864 mètres de longueur, forme la dernière section de la ligne de Bourg à Besançon, séparée de la section précédente, de Lons-le-Saulnier à Mouchard, par une distance de 7 kilomètres appartenant au chemin de fer de Dôle à Salins.

La cote, au point de départ, situé près de la rive droite de la Loue, est de 235m.50. Le tracé s'élève, par des rampes successives, régnant presque sans interruption sur un parcours de plus de 9 kilomètres, jusqu'au col de la Teige, point culminant, à la cote de 306m.47. De là il se dirige sur le versant gauche de la vallée du Doubs, franchit cette rivière à Portail de Roche, à la cote de 230m.55, entre les kilomètres 15 et 16, la traverse encore deux fois, à Torpes et à Montferrand, et vient se raccorder avec la ligne de Dijon à Besançon, près de la gare de Franois, à la cote de 272m.63.

L'ensemble des pentes et rampes présente une longueur de 23.825 mètres, qui est à celle des paliers dans le rapport de 88.68 à 11.32.

Le développement total des courbes est de 11 197 mètres, c'est-à-dire de 41.68 p. 100 du parcours entier. Le rayon minimum est de 425 mètres.

Le sol, en général assez ondulé, a nécessité quelques tranchées profondes, malgré l'emploi de pentes et rampes de 0m.015 par mètre. Il y a, en outre, les trois ponts sur le Doubs et un pont sur le canal du Rhône au Rhin.

Il existe 33 ouvrages ordinaires pour routes, chemins ou cours d'eau, ce qui fait 1 ouvrage 1/5e par kilomètre, non compris 20 passages à niveau avec maisons de gardes. Tous les ouvrages d'art sont construits pour deux voies ; mais les terrassements n'ont été exécutés que pour une seule voie. Leur cube, par mètre courant, est de 14m.74.

Le cube du ballast employé est de 2m.43 par mètre linéaire. La largeur de la zone des terrains, acquis pour deux voies, est de 25^{m}.84, y compris la superficie occupée par quatre stations, dont l'espacement moyen est de 5 572^{m}.70.

Le prix de revient kilométrique, pour l'ensemble des travaux exécutés, est de 180 770 francs.

Indre-et-Loire. Sarthe. 3° Ligne de Tours au Mans. — Cette ligne, qui a 93 852 mètres de longueur, se détache du chemin de fer de Paris à Nantes, à la cote de 48^{m}.50, à 4 002 mètres de la gare de Tours, contourne l'ancien château de Plessis-les-Tours et traverse la Loire, près du confluent de la rivière de la Choisille, dont elle suit le cours jusqu'à Mettray, à la cote 73^{m}.50. De là, le tracé s'élève sur le plateau de Neuillé-Pont-Pierre, où il franchit, à la cote 125^{m}.50, le faîte qui sépare la vallée de la Loire de celle du Loir; descend dans ce dernier val en suivant le ruisseau de l'Escotais, traverse le Loir, à la cote 53^{m}.50, suit son cours jusqu'au droit d'Aubigné, se contourne dans la gorge qui sépare Aubigné de Sarcé, se dirige vers Ecommoy où est franchi, à la cote 85 mètres, le faîte très-abaissé qui sépare les vallées du Loir et de la Sarthe, et arrive à la gare du Mans, à la cote 51^{m}.50.

Les plus fortes pentes et rampes sont de 0^{m}.005. Les plus petits rayons des courbes sont de 800 mètres, et cette limite a été rarement atteinte.

La longueur cumulée des pentes et rampes est à celle des paliers horizontaux dans le rapport de 78 à 22.

Le développement total des courbes est à celui des alignements droits dans le rapport de 40.6 à 59.4.

Les principaux ouvrages, construits pour deux voies, sont le pont de 438 mètres de longueur sur la Loire, le pont sur le Loir et le pont sur l'Huisne, avant la gare du Mans.

Les ouvrages ordinaires sont au nombre de cent quarante-neuf, soit un ouvrage trois cinquièmes par kilomètre, sans compter cinquante-sept passages à niveau avec maisons de gardes.

Les terrassements, exécutés pour deux voies, présentent un cube moyen de $37^{m}.34$ par mètre linéaire. Le cube moyen du ballast, pour une voie, est de $2^{m}.26$; la largeur moyenne des terrains, acquis pour deux voies, est de $33^{m}.14$.

Les douze stations intermédiaires de cette ligne sont espacées moyennement de 7 527 mètres.

Le prix de revient kilométrique donné par M. Morandière, pour l'ensemble des travaux, est de 185 202 francs.

Morbihan. 4° Ligne d'Auray à Napoléonville. — Cet embranchement, de 51 089 mètres de longueur, se détache de la ligne principale de Nantes à Châteaulin, à 4 000 mètres au delà de la gare d'Auray, à la cote 34 mètres, se dirige d'abord vers Pluvigner, passe ensuite au col de Lambel, à la cote $97^{m}.50$, puis descend sur le versant de l'Evel et franchit ce cours d'eau, ainsi que la rivière du Blavet à la cote $29^{m}.50$, après avoir traversé en tunnel le cap étroit qui les sépare; à partir de là le tracé reste constamment dans la vallée du Blavet, tantôt sur une rive, tantôt sur l'autre, et arrive à Napoléonville, à la cote 59 mètres.

La plus forte rampe est de $0^{m}.012$; la plus forte pente, de $0^{m}.014$. Dans la vallée du Blavet, où les pentes sont très-faibles, le rayon des courbes descend jusqu'à 350 mètres; il y en a même une de 300 mètres.

La longueur cumulée des pentes et rampes est à celle des paliers horizontaux dans le rapport de 61.3 à 38.7.

Le développement total des courbes est à celui des alignements droits dans le rapport de 46 à 54.

Indépendamment de deux petits souterrains, à Botchosse et à Saint-Nicolas, et de six ponts sur le Blavet, il y a cent vingt-sept ouvrages ordinaires construits à deux voies (sauf les tabliers métalliques), pour routes, chemins ou cours d'eau, ce qui fait deux ouvrages et demi par kilomètre, sans compter vingt-trois passages à niveau avec maisons de gardes.

Les terrains ont été acquis pour deux voies; la largeur moyenne est de 28 mètres. Les terrassements n'ont été exécutés que pour une voie; le cube, par mètre courant, est de 17^{m}.79. Le cube du ballast est de 2^{m}.31.

L'espacement moyen des quatre stations qui existent sur cette ligne, y compris Napoléonville, est de 13 740 mètres.

Le prix de revient kilométrique donné par M. Desnoyers, pour l'ensemble des travaux, est de 167 586 francs.

Meurthe, Vosges. 5e *Ligne de Lunéville à Saint-Dié.* — Cet embranchement, de 49 876 mètres de longueur, se détache de la ligne principale de Paris à Strasbourg, immédiatement après la station de Lunéville, à la cote 231^{m}.60, remonte la vallée de la Meurthe, sur la rive droite, à peu près parallèlement à la route impériale n° 59 de Nancy à Schélestadt, jusqu'à Baccarat, traverse là cette route, puis à 5 kilomètres plus loin, à la cote 281^{m}.26, passe sur la rive gauche de la rivière, qu'il franchit encore deux fois avant d'arriver à Saint-Dié, à la cote 341^{m}.50.

Quoique établi dans une même vallée, le tracé a nécessité des mouvements de terres assez considérables, surtout entre Neuveville et Saint-Dié; néanmoins la plus forte déclivité est de 0^{m}.007, et le rayon minimum des courbes est de 500 mètres.

La longueur cumulée des pentes et rampes est à celle des paliers horizontaux dans le rapport de 69 à 31; le développement total des courbes est à celui des alignements droits dans le rapport de 25 à 75.

Indépendamment de trois ponts sur la Meurthe, dont le débouché varie de 50 à 60 mètres, il y a cent trente-trois ouvrages ordinaires construits pour deux voies (sauf sur 5 kilomètres), ce qui correspond à deux ouvrages et demi par kilomètre, non compris cinquante-quatre passages à niveau.

Les terrains ont été acquis pour deux voies, avec une largeur moyenne de 34 mètres.

Les terrassements ont été exécutés pour une voie. Le cube est de 15^{m}.23 par mètre linéaire; celui du ballast est de 2 mètres.

Les six stations de cette ligne sont espacées moyennement de 8 321 mètres.

Le prix de revient kilométrique donné par M. Ledru, pour l'ensemble des travaux, est de 152 872 francs.

Meurthe. 6° Ligne d'Avricourt à Dieuze. — Cet embranchement, de 22 229 mètres de longueur, se détache du chemin de fer de Paris à Strasbourg, immédiatement après la gare d'Avricourt, à la cote 282^{m}.50, décrit une courbe vers le nord, traverse normalement le canal de la Marne au Rhin, passe etre les nombreux étangs que cette contrée présente, et arrive à Dieuze à la cote 211 mètres.

La déclivité maximum est de 0^{m}.01, et les courbes n'ont pas moins de 800 mètres de rayon. La longueur cumulée des pentes et rampes est à celle des paliers horizontaux dans le rapport de 73.76 à 26.24. Le développement total des courbes est à celui des alignements droits dans le rapport de 48 à 52.

Les seuls ouvrages d'art un peu importants sont le pont sur la Seille, près de Dieuze, et le pont sur le canal de la Marne au Rhin.

Il y a, en outre, trente-quatre ouvrages ordinaires pour routes, chemins et cours d'eau, construits à une voie, ce qui fait un ouvrage et demi par kilomètre, sans compter dix-neuf passages à niveau.

Les terrains ont été acquis pour deux voies, avec une largeur moyenne de 35^{m}.40.

Les terrassements, exécutés pour une voie, présentent un cube moyen de 27^{m}.16 par mètre linéaire. Le cube moyen du ballast est de 2^{m}.30. Les stations, au nombre de quatre, sont espacées moyennement de 5 725 mètres.

Le prix de revient kilométrique donné par M. Ledru, pour l'ensemble des travaux, est de 140 993 francs.

Cher, Allier. 7° *Ligne de Bourges à Montluçon.* — Cette ligne, qui a 100 516 mètres de longueur, se détache de la ligne de Vierzon à Bourges, au Pont-Vert, situé à 6 000 mètres environ avant cette dernière ville, à la cote 128^{m}.60, et franchit le faîte peu prononcé qui sépare la vallée de l'Yèvre de celle du Cher, à la cote 153^{m}.10. A partir de Saint-Florent, le tracé remonte la vallée du Cher, en se maintenant sur la rive droite jusqu'à Lunery, à la cote 140^{m}.09, puis sur la rive gauche jusqu'à Montluçon, cote 211^{m}.86. Malgré les conditions favorables du tracé, les travaux n'en ont pas moins présenté des difficultés relatives.

Il n'y a que deux courbes du rayon minimum de 400 mètres; les plus fortes déclivités sont de 0^{m}.005. La longueur cumulée des pentes et rampes est à celle des paliers horizontaux dans le rapport de 69 à 31.

Le développement total des courbes est à celui des alignements droits dans le rapport de 51 à 49.

Le principal ouvrage d'art est un pont sur le Cher, à Lunery. Il y a, en outre, deux cent vingt-sept ouvrages ordinaires, construits également à deux voies, pour routes, chemins et cours d'eau, ce qui correspond à deux ouvrages un quart par kilomètre, sans compter cinquante-cinq passages à niveau avec maisons de gardes.

La largeur de la zone acquise pour deux voies est, en moyenne, de 32^{m}.29. Le cube des terrassements, exécutés pour deux voies, est de 22^{m}.89 par mètre linéaire, et celui du ballast, de 2^{m}.07.

Les stations, au nombre de douze, sont espacées moyennement de 8 282 mètres.

Le prix de revient kilométrique donné par M. Nordling, pour l'ensemble des travaux, est de 142 885 francs.

Le tableau ci-après résume les dépenses kilométriques afférentes à ce troisième groupe, qui comprend aussi sept lignes construites dans les huit départements suivants : les

Vosges, le Doubs, l'Indre-et-Loire, la Sarthe, le Morbihan, la Meurthe, le Cher et l'Allier.

Troisième groupe.

DÉSIGNATION des lignes.	Frais d'études et de personnel.	Terrains.	Terrassements.	Ouvrages d'art.	Voie et matériel fixe.	Stations et maisons de garde.	Frais généraux et intérêts pendant la construction.	Totaux.
	francs.	francs.	francs.	francs.	francs.	francs.	francs.	francs.
Épinal à Remiremont (24 145 mèt.).	20 656	30 728	58 508	18 208	37 556	12 797	14 276	192 729
Arc-Senans à Franois (26 864 mèt.).	6 943	22 403	45 490	35 750	39 931	20 183	13 656	184 356
Tours au Mans (93 852 mèt.).	4 638	19 483	41 064	29 958	52 333	17 805	13 223	178 504
Auray à Napoléonville (51 089 mèt.).	7 066	12 155	37 661	29 740	54 617	19 006	12 819	173 064
Lunéville à Saint-Dié (49 876 mèt.).	14 700	29 024	32 567	18 140	39 430	11 324	11 615	156 800
Avricourt à Dieuze (22 229 mèt.).	12 128	12 966	40 423	9 029	50 683	14 811	11 203	151 243
Bourges à Montluçon (100 516 mèt.). . . .	7 773	18 776	26 663	19 722	42 646	16 322	10 552	142 454
Moyennes du troisième groupe.	10 558	20 791	40 339	22 935	45 314	16 035	12 478	168 450

On peut en conclure qu'en tenant compte des frais de tout genre que nous avons indiqués précédemment, l'exécution d'un chemin de fer, dans des conditions analogues, reviendra à 170 000 francs environ par kilomètre.

Les terrains, la voie et le matériel, les stations et maisons de gardes, c'est-à-dire toutes les dépenses à peu près indépendantes des difficultés du tracé, entrent dans ce total pour un chiffre de 82 000 francs. Les frais d'études et de personnel, les terrassements et ouvrages d'art y entrent pour environ 74 000 francs. Pour ces deux espèces de dépenses, le maximum de l'écart se trouve entre les terrassements et ouvrages d'art de la ligne d'Arc-Senans à Franois, qui montent à 81 240 francs, et ceux de la ligne de Bourges à Montluçon, qui ne montent qu'à 46 385 francs.

Quant à la voie, au matériel et aux stations, la différence

la plus grande (23 270 francs) existe entre la ligne d'Auray à Napoléonville, où le chiffre de ces dépenses s'élève à 73 623 francs, et celle d'Épinal à Remiremont, où ce même chiffre n'est que de 50 353 francs.

Nous ferons encore observer que, pour ces lignes, la largeur moyenne des emprises de terrain est de $29^{m}.82$ pour deux voies. (Il aurait fallu de 26 à 27 mètres pour une seule.) Le cube moyen des terrassements par mètre linéaire est d'environ $21^{m}.09$, et celui du ballast de $2^{m}.24$.

Quatrième groupe. — Ligne de Strasbourg à Barr avec embranchement sur Wasselonne et Mutzig.

Bas-Rhin. — Nous ne faisons figurer dans ce quatrième groupe, en quelque sorte comme une pierre d'attente, que la ligne de Strasbourg à Barr, à Wasselonne et Mutzig, la plus importante de celles exécutées par M. l'inspecteur général Coumes, en sa qualité d'ingénieur en chef des ponts et chaussées, directeur des chemins vicinaux du Bas-Rhin.

Les frais de construction de cette ligne diffèrent peu de ceux des lignes de Haguenau à Niederbronn, de Schélestadt à Sainte-Marie-aux-Mines, et peuvent servir de type de comparaison pour les chemins de fer économiques projetés.

La ligne de Strasbourg à Wasselonne et à Mutzig, de 49 kilomètres de longueur, est établie sur les 19 premiers kilomètres, entre Strasbourg et Mutzig, dans une vaste plaine découverte, sur un sol graveleux extrêmement favorable. (Voir la notice de MM. Marx, Varroy et Jundt, ingénieurs des ponts et chaussées, insérée dans les *Annales* de 1864.) Après le passage de la Bruche, sur un pont de 30 mètres d'ouverture, l'embranchement de Molsheim à Wasselonne (13 kilomètres) remonte une vallée d'un parcours assez facile. La dernière section, de Molsheim à Barr (17 kilomètres), suit le pied des derniers contre-forts des

Vosges, et a donné lieu à des mouvements de terres un peu plus importants.

Afin de rendre les frais de construction comparables à ceux des lignes que nous avons considérées ci-dessus, nous avons dû ajouter une somme de 2 900 francs par kilomètre pour les études, la préparation des projets et la surveillance des travaux (ce qui porte à 6 000 francs la dépense totale de cet article) et une autre somme de 5 856 francs à celle de 2 000 francs, indiquée pour les intérêts des capitaux avancés par la compagnie de l'Est pendant la construction, afin de rentrer dans la proportion de 7 p. 100 que nous avons précédemment expliquée. Ces deux additions n'ont rien d'exagéré.

Ligne de Strasbourg à Barr (49 000 mètres).

Frais d'études et de personnel.	Terrains.	Terrassements.	Ouvrages d'art.	Voie et matériel fixe.	Stations et maisons de gardes.	Frais généraux et intérêts pendant la construction.	Totaux.
francs.	francs.	francs.	francs.	francs.	francs.	francs.	francs.
6 000	19 900	23 000	4 100	28 300	16 900	7 856	106 056

Le simple examen des dépenses kilométriques des lignes du troisième groupe montre de suite en quoi consistent les différences principales avec l'unique ligne du quatrième groupe.

Tandis que les terrassements et les ouvrages d'art réunis s'élèvent en moyenne à 63 000 francs et ne descendent pas au-dessous de 46 000 francs sur la ligne la moins coûteuse, celle de Bourges à Montluçon, ils s'abaissent à 27 100 fr. sur la ligne de Strasbourg à Barr, et même à 22 100 francs si l'on en distrait la dépense afférente au ballast, qui ne peut être évaluée à moins de 5 000 francs.

La voie et le matériel fixe, qui reviennent à 45 000 francs

pour l'ensemble du troisième groupe, et dont le minimum a été de 37 500 francs sur la ligne d'Épinal à Remiremont, n'ont coûté que 28 300 francs sur celle de Strasbourg à Barr, ou 33 300 francs avec le ballast ; mais c'est surtout le chiffre des ouvrages d'art qui est faible par rapport à celui de toutes les lignes que nous avons citées, et il n'y a réellement de comparable que la dépense des stations et maisons de gardes. (Voir le tableau graphique, planche 169.)

De cet ensemble de faits on doit conclure :

	francs.
1° Que les chemins de fer à 100 000 francs le kilomètre ne sont réalisables que dans les régions les plus faciles, où le tracé peut être établi à fleur du sol et où, par suite, les terrassements et les ouvrages d'art réunis ne dépassent pas. . c'est-à-dire le quart de la dépense totale.	25 000
2° Que pour ces lignes à bon marché la voie, le matériel fixe, les stations et les maisons de gardes reviendront en moyenne à.	45 000
3° Que les frais d'études et de personnel, les terrains et les intérêts pendant la construction monteront environ à.	30 000
Total.	100 000

	francs.
Le matériel roulant, pour le trafic le plus faible et le nombre de trains le plus restreint, ne pouvant guère être évalué à moins de 15 000 francs par kilomètre, les recettes kilométriques brutes du chemin serviront d'abord à couvrir une première somme de.	6 325
Représentant l'intérêt à 5.50 p. 100 du capital de construction, puis une seconde somme de.	5 675
Total.	12 000

correspondant aux frais d'exploitation réduits à leur minimum, sans même tenir compte des annuités relatives à la réfection de la voie et du matériel roulant.

Il faudra donc que ces recettes s'élèvent au moins à douze mille francs.

Dès que les lignes en question pénétreront dans des pays plus accidentés, le capital de construction s'accroîtra d'une façon très-sensible, ainsi que cela résulte péremptoirement des exemples que nous avons cités. A chaque augmentation de 40 000 francs correspondra une nouvelle somme de 2 200 francs pour l'intérêt annuel, et comme les pentes et rampes deviendront plus fortes, comme on aura besoin de multiplier les courbes de petit rayon, il en résultera un accroissement des frais d'exploitation, dont le minimum, dans ces cas-là, ne saurait être fixé à moins de 6 à 7 000 fr. par kilomètre, même en laissant de côté la dépense plus considérable afférente aux locomotives et aux wagons. *En sorte que tout chemin de fer exécuté avec le plus d'économie possible dans une contrée montagneuse, et revenant au prix de 160 000 francs, avec son matériel roulant, nécessitera, pour couvrir ses frais, une recette brute kilométrique de 15 000 francs. Pour tout chemin de fer coûtant 200 000 fr. par kilomètre, la recette devra être au moins de 18 000 francs.*

Il n'est pas permis d'espérer, d'après cela, que les lignes projetées dans le *quatrième réseau*, dont la plupart ne présentent qu'un caractère d'intérêt local et n'auront qu'un rendement très-faible, puissent être exécutées à assez bas prix pour offrir une rémunération directe aux capitaux engagés. A part quelques départements ou quelques portions de départements, où les accidents du sol sont presque nuls et où l'on réalisera *leur construction* à bon marché, elle entraînera, dans tous les autres, des dépenses hors de proportion avec les résultats qu'on doit en attendre. Ce seront donc de mauvaises affaires pour les départements et les communes qui en prendront la responsabilité ; et, si l'état est obligé de les soutenir de son crédit et de ses subventions, il sera toujours regrettable que les ressources budgétaires n'aient pas été employées de préférence à des travaux plus productifs et en même temps plus utiles au développement de l'agriculture et d'une foule d'industries.

Paris, le 1er mai 1868.

Extrait des *Annales des ponts et chaussées*, tome XVI, 1868.

Paris. — Imprimé par E. Thunot et Cᵉ, rue Racine, 26

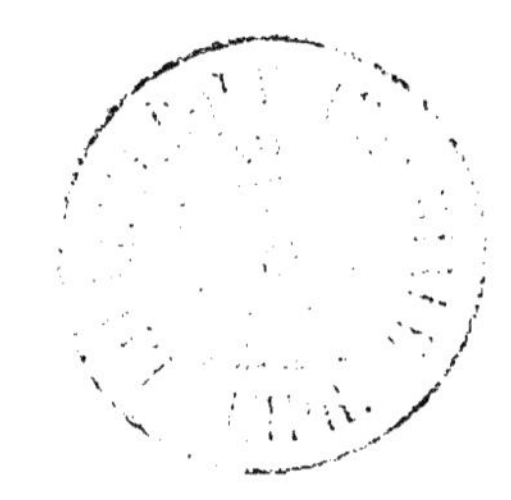

INTRODUCTION.

Les chemins de fer russes construits de 1857 à 1862 sont le premier objet des études que nous publions ici. Parmi les questions dont nous nous sommes proposé l'examen, il en est de techniques, il en est de purement descriptives, il en est aussi d'économiques : toutes appartiennent à l'art de l'ingénieur. Notre sujet se prête d'ailleurs à des développements dans deux directions bien différentes. Le point de vue technique nous conduit à l'étude des questions d'art et de théorie; le point de vue local nous révèle quelques traits de la Russie, de ce grand pays si peu connu et si imparfaitement apprécié, qui peut devenir l'objet de tant d'intéressantes recherches. Nous prendrons des matériaux dans chacun de ces deux ordres d'idées, sans avoir la prétention de tout dire sur ces matières inépuisables.

Avant tout, nous donnerons, pour fixer les idées du lecteur, le tableau des lignes dont il sera plus spécialement question dans cet ouvrage.

L'oukase du 26 janvier (7 février) 1857 a concédé les cinq lignes suivantes à la ***Grande Société des chemins de fer russes*** :

La ligne de Saint-Pétersbourg à Varsovie;

L'embranchement de cette ligne vers la frontière de Prusse;

La ligne de Moscou à Nijni-Novgorod;

La ligne de Moscou à Théodosie ;

Et la ligne de Koursk ou Orel à Libau.

Le développement total du réseau concédé dépassait 4,000 kilomètres. De 1857 à 1862, les trois premières de ces cinq lignes ont été achevées par la Compagnie concessionnaire; les deux autres ont été, d'un commun accord, retranchées de la concession en 1861, après des opérations d'études et un commencement d'exécution.

. . . .

TABLE DES MATIÈRES.

NOTES.

INDEX GÉNÉRAL DES PLANCHES

contenues dans l'Atlas.

Paris. — Imprimé par E. THUNOT et Ce, 26, rue Racine.

www.ingramcontent.com/pod-product-compliance
Lightning Source LLC
LaVergne TN
LVHW020049170826
845678LV00001B/500

* 9 7 8 2 3 2 9 6 8 5 0 4 5 *